古象雄文明的往事今生

雪域高原尋訪象雄耳傳上師，地圖上消失的古王朝聖地、西藏文化的根與魄

寧艷娟 著

【推薦序一】綻放在天地之間的一朵蓮花

丹增南達仁波切是雍仲本教最尊貴的精神導師、首席上師，也是當今世界上最傑出的大圓滿導師之一，一生都在弘法利生，培養弟子。

雍仲本教有顯宗、密宗、大圓滿三種修行法門，在顯宗方面：本教的顯宗傳承以蓮花衣、蓮花帽、蓮花鞋為表法，象徵出汙泥而不染，仁波切無論在自身修行、受戒、傳承、傳法、收弟子各個方面，時刻強調戒律和菩提心，就顯宗而言，仁波切就是綻放在天地之間的一朵蓮花。

在密宗方面：本教的密宗分為事部、行部、瑜伽部、無上瑜伽部。密宗主要講灌頂，仁波切對密宗的傳承、灌頂、傳法、手印、觀想、咒語、儀軌、密續意義，直指心性的口訣、自己深邃的禪修了悟經驗等都一一傳授給弟子，仁波切就是一尊裝滿了力量和加持力的灌頂的寶瓶。

在心法方面：本教大圓滿法是修行的頂端，是九乘的頂級，明心見性是關鍵。仁波切將漸修頓修的竅訣、傳承，不斷點撥弟子，使弟子學會自我認識、自我察覺、自我覺悟。在信徒心目中，仁波切就是一張明心見性的寶鏡。

本教大圓滿有《阿持》、年居、佐欽三種傳承，在法難時很多佛經被伏藏，只有《象雄年居》從早期的普賢王如來、報身佛幸拉沃嘎、化身佛幸饒彌沃、象雄時期、吐蕃時期，前弘期、中弘期、後弘期，一直是口耳相傳，沒有間斷過。

仁波切是這三支大圓滿法的掌門人。

曼日寺是雍仲本教的祖寺，仁波切一個人撐起培養扶持曼日寺三十一代法王、三十二代法王、三十三代法王、三十四代法王，四代法王的重任，結合歷代曼日傳承和仁波切一個人的身口意，給四代法王和弟子們圓滿的授予四個密宗灌頂。

仁波切在本教低迷時期，力挽狂瀾，在異國他鄉一無所有的情況下，飽受挫折又不斷浴火重生，在印度、尼泊爾建立新的道場，使雍仲本教古象雄佛法如枯木逢春，再度生根、開花、結果。將來自古象雄時期的本教佛法，弘揚到世界各地，就像一輪太陽，從東方升起照到了西方，在雍仲本教史上，這是一個非常重要的轉折點，仁波切是真正的高僧大德。

李西達讓尊者是本教大圓滿的一代宗師、是密宗的典型人物，是象雄俄莫隆仁和吐蕃的大翻譯家，無論是大圓滿的理論還是實修都是唯一的。仁波切在藏文、英文密宗著作中對李西達讓的修法有很多闡述，前些年，我去尼泊爾拜見仁波切，仁波切給我傳授了李西達讓修法的灌頂和堪珠堪巴讓母的修法，這是仁波切一生都在修煉的密法，也是仁波切今生對此密法舉行的唯一一次灌頂。

這突然出現的法喜，是那樣的不可思議，一切又是那麼真實與有默契，也是我一生當中遇到的不可言說的殊聖。

仁波切是最純正的法、報、化三身，擁有最純最直接的法脈，是顯宗、密宗、大圓滿三種法門匯集的一個能量體，是雍仲本教再弘期的典範，其自強不息的品德為我們樹立了榜樣，心中放射出來的光，已攝入我們的心田，仁波切一系列功勞非常之大。

作者有緣結識仁波切，得到仁波切舉行的大型顯、密灌頂，得到仁波切在法國禪修中心舉辦的《象雄年居》《阿持》《母續》的開示、灌頂及大圓滿閉關禪修，得到法益甚豐。

讓我們跟著這本《古象雄文明的往事今生》進行一次精神之遊吧，途中不僅可以聞聽成就者的修行經驗和感受，還可以看到沿途美麗的風光。

李西新甲旦真活佛
二〇二二年六月 於昌都寺

【推薦序二】讓自己的心獲得更多的自由

雍仲本教是在象雄時期形成的西藏最為古老的教派。雍仲本教文獻記載，象雄的發源地在今天西藏的阿里、岡仁波齊和瑪旁雍措聖湖一帶，其疆域分布得更加廣泛。

象雄是雍仲本教的母體和精神故鄉，本教的所有驕傲和榮光，都記錄在那個遙遠的年代，雍仲本教的文獻被專家稱為「象雄密碼」。

大圓滿耳傳四部經是雍仲本教修法中最高境界的一門修法，來源於法身佛袞德桑波傳承下來，至今有幾千年的歷史，由德高望重上師們的修行經驗一代代傳下來，一直到現在曼日法王和曼日經師雍增丹增南達仁波切；透過這部修法有很多本教高僧修成虹化，公認的虹化大師有二十四位。在吐蕃時期藏王松贊干布和赤松德贊消滅本教時，本教的很多修法經典藏匿在山洞裡，但這部大圓滿耳傳四部經，在嘉波尼幫色護法和曼姆護法的保護下，以及象雄最後一位李彌嘉象雄王的上師郎西羅波大師們的護衛下，沒有被伏藏，一直傳承到現在；為什麼要這麼地注重這部大圓滿耳傳四部經呢，因為按照這部經典修持，我們這一生就可以成就佛果！

大圓滿三字是完成偉大的成就之意，分成基礎、道路和結果三部分，本教大圓滿自性生起的智慧是根本。在真正的大圓滿中，是否接受灌頂是由弟子是否得到「大圓滿見」來衡量的，而一旦得到「見」，得見即得解脫。

修行就是修心，認識暇滿人身難得，知曉事物無常，看到因果真實不虛，明白輪迴皆苦的真相，讓我們心不再輕易被貪、嗔、痴的力量束縛。要獲得解脫的力量，必須依止智慧上師，我們才能讓自己的心獲得更多的自由，擁有嶄新的人生觀。

上師相應法非常重要，辛饒彌沃佛在《無垢莊嚴經》中講述了上師的重要性，上師是代表佛，如沒有上師就不會有佛的教言，沒有出現上師就不會有佛的容貌，沒有上師的教言就不會有佛經，所以，對上師堅定的誠信和與佛無分別地去觀想很重要，通過虔誠的信仰才能得到上師的加持，所以修上師相應法很重要！

曼日雍增丹增南達仁波切是我非常尊敬的一位上師，這不僅僅是我個人或者一些教派尊敬，是整個藏區及世界各地的藏學界裡都非常尊敬的一位導師，很多尊者稱仁波切為「西藏辭典」，因為仁波切懂得各方面知識非常之多，仁波切不僅僅是修行者而且是藝術家、歷史學家，在大半個世紀中為保存和弘揚雍仲本教貢獻非常大，他在本教信眾心目中是一位法太子，一生都是修行，特別對大圓滿法非常熟知，是《象雄大圓滿耳傳》這部經典重要的傳承者，寧瑪派德高望重的上師南卡諾布仁波切為了傳授大圓滿法專程到尼泊爾拜訪丹增南達仁波切，請仁波切給他傳象雄大圓滿法、灌頂。仁波切現年已經九十七歲了，但仍在傳授佛法，仁波切用自己的見、修、行，印證佛法的精髓，並將他的修行、見地、經驗，以不同的方式傾囊相授給不同根氣的弟子，引導弟子一步步進入心的自性體驗，從每個角度為弟子揭露心性，直到弟子瞥見它為止。

仁波切的覺悟和慈悲激勵著我，讓我們的修行具有力度和深度，摧毀我執，而且要徹底摧毀我執。

仁波切在精神方面的成就已經達到最高的境界，他極為柔和，懷有無限的慈愛，給我們持續不斷增長喜悅感，讓我們離於各種期望和恐懼，讓我們深入觸及內在的自性。仁波切慈悲的笑容面對每一個人，見到仁波切就會產生一種強烈的鼓舞、激勵和好奇！

作者二十多年不斷參訪本教大成就者、修行聖地、古象雄遺址及象雄人的村莊，如實記錄下象雄文明的往事今生，不僅可以讓讀者耳目一新，還為有興趣研究西藏文化的人，提供珍貴的歷史資料。這本《古象雄文明的往事今生》是值得一讀的好書。

丹巴雍仲旺傑／曼日寺格西
二〇二二年九月 於曼日寺

【自序】在古象雄塵埃中尋找答案

象雄，古老而又親切的名字，它產生於西元前數千年或許更早，古象雄王統一了號稱十八萬戶的十八個部落，其疆域遼闊，土地肥沃，軍事強大，是雪域高原上的霸主。象雄人以大鵬為圖騰，它的中心城堡在西藏阿里。國內外眾多考古學家、人類學家、語言學家、宗教學者，視古象雄文明為西藏文化的根和魄。

雍仲本教是中華大地上古象雄地域土生土長的佛法，它的顯宗、密宗、大圓滿是各個教法的源頭。其中《象雄年居》漢語稱它「象雄耳傳」，這本直指心性的大圓滿經教，數千年甚至上萬年一直口耳祕密相承，歷史上很多修行者得到這個傳承使肉身變成一道彩虹，成就佛果。當代世界級大圓滿導師丹增南達仁波切就是《象雄年居》的擁有者、實踐者、傳承者、掌門人，是一位肉身佛。

仁波切已九十七歲高齡，一生遠離財富、名位和我慢的陷阱，親身實踐各種教法，他從很多大師那裡得到經教、密續、灌頂、口訣、口耳傳承，他將自己甚深的成功心靈體驗和諸多法教，濃縮成最精華的直指心性的教授，指導弟子修學，培養出很多位智者。

筆者從二〇一〇年至二〇一九年先後五次拜見仁波切，聆聽他的教誨，親身感受真正行者的慈悲、寬容、寧靜、智慧、威嚴和無限的給予。仁波切那深層的溫柔，誠懇幽默的語言，充滿著不可思議的善，使每個接觸到他的人，都如浸浴在冬日溫暖的陽光中，身心得到無限的舒展、明瞭、自在、自信，使跟隨者從幼稚走向成熟，從愚昧走向文明。對想踏上證悟之旅的人，他就是修道盡頭。

古象雄在哪裡？為什麼說象雄文明是藏民族的母文化？來自古象雄的雍仲本教為什麼延續了上萬年還經久不衰？薪火相傳？什麼力量支撐行者住在荒山野嶺中修密法？一連串的問題在我心中生發出蟄服在胸膛的力量，我必須用眼睛去看，用耳朵去聽，用心去感受，在古象雄塵埃中尋找答案。

在人煙罕至的古象雄原屬地探索途中，很多地方人類足跡甚少，處處展現著野性的大美和震撼。無論是世界著名的岡底斯神山、瑪旁雍措聖湖、獅泉河、象泉河、孔雀河、馬泉河，還是很少人知曉、歷經千年磨礪的古堡殘垣和古象雄村落，都會有難以言說的感動；那裡的一滴水、一塊石、一堆沙、一棵樹，只要用心感悟，都能體會到那些有血有肉有靈魂跳躍的生命，能觸摸到它的激勵、它的渴望，就連清風也送來從未有過的期許和震撼。

在那孤寂空曠的荒野中，親眼看到大自然的因果之道，無論信與不信，它都在那裡，無論喜不喜歡輪迴，它從未停過，不論怕與不怕無常，它分分秒秒在發生，在感受觸動的藏文化根之時，獲見了心性的純明，也明白了古人堅守的理由。

筆者

二〇二二年春 於北京

目錄

第七章 尋找象雄後裔的足跡

第一章

緣分如同一張畫卷，詩般的深邃

「佛就像天空中的太陽，祂知道誰對祂虔誠，知道誰需要什麼，祂知道一切。」

01 聆聽丹增南達仁波切教誨

仁波切叮囑我們此生一定要修好上師相應法。/ 二〇一九年攝

二〇一九不平凡的一年，一月中旬，我和好友孫皓來到尼泊爾赤丹諾布澤寺，拜見當今世界最傑出的大圓滿導師、雍仲本教首席《象雄年居》的掌門人——丹增南達仁波切。格西丹巴雍仲旺傑專程從印度曼日寺趕來，給我們做翻譯。

***

時隔五年，仁波切依舊那樣睿智開朗，思維敏捷，如冬日的陽光，溫暖著我們。他微笑著從小桌上拿起一本書對我們說：「上師相應法要修好，要天天祈禱上師，幫助你打開迷霧，修行才有進步！」我望著書封上的達貝捨匝畫像，心中有些慚愧，不敢抬頭直視仁波切。

「寫作出書的人要懂很多知識，學佛修法的人不需要很多，九乘法是佛按照每個人的福報、智慧、根器不同講的法，學習適合自己的那一乘就可以了，只修上師相應，死的時候也有幫助，如果修很多法，不一定有成果。」仁波切說的每句話每個字，好像都在告誡我。心中既慚愧又慶幸，暗下決心，今後不能再放逸了。

孫皓第一次見到仁波切，他很激動，急切地向仁波切請法，仁波切很高興地給我們三人傳授上師相應法，耐心地解答我們各自的問題。臨走時，仁波切深情地叮囑我們：「要相信上師相應法，修上師相應。一切世俗的事情都沒有真正的意義，我們今天計劃這個，明天計劃那個，包括建寺廟，不要執著，都是無常，安住在自性中才是大圓滿……」仁波切說的話如同一道閃電，攝入我的心扉，心中呼的熱了一下。

臨走時，仁波切送給我們每人一個藏藥小香囊，並叮囑我們一定隨身配戴，每天用鼻子聞幾次，可以預防瘟疫。九個月後，全球爆發了新冠病毒，仁波切提前預知將有瘟疫肆虐全球，提前給弟子們做了一批驅除病毒的香囊。

我和仁波切的緣分，如同一張畫卷，詩般的深邃。二〇〇五年李西新甲旦真活佛給我傳授大圓滿《金滴》法，叮囑我：「世界級的大圓滿導師丹增南達仁波切，是大圓滿《象雄年居》的掌門人，是肉身佛，你一定要去他那裡接受耳傳……」從那天起，我終日期盼這個緣分。

二〇一〇年秋，我和好友肖茵老師專程來到赤丹諾布澤寺拜見仁波切，那次很遺憾，仁波切到歐洲傳法去了，沒能見到。時隔一年多，我收到在仁波切身邊學習的李麗梅女士發來的郵件，告知我一個喜訊：

邀請函

二〇一二年十二月九日開幕式，有關知名學者進行本教學術報告以及甘露法會的教授。

二〇一二年十二月十二日~十三日法會準備，淨化和除障儀式

二〇一二年十二月十四日~二十八日 甘露加持儀式，有如下密宗灌頂：

十二月十四日~十六日 南達和隆傑灌頂

十二月十七日 寂怖本尊前行灌頂

十二月二十八日 寂怖本尊正行灌頂，憤怒本尊長壽灌頂，藥師佛灌頂

十二月二十九日~二〇一三年一月一日 格西畢業典禮

二〇一三年一月二日 閉幕式

慶典的核心內容是為期十六天的「甘露光芒」法會。傳統認為，參加這樣盛大法會，將會增益精神上的修行，幫助我們創造內外的和諧，遣除諸種違緣。借此殊勝法緣，真誠與您相約此次慶典。盼望與您相見加德滿都！

赤丹諾布澤寺堪布

丹巴雍仲

麗梅女士在郵件中特別叮囑：丹增南達仁波切親自主持整個法會，這樣的善緣千萬不要錯過。

十二月五日我果斷地和先生一起乘機飛往尼泊爾加德滿都。麗梅幫我們在村中租了一座別墅的一層，站在屋內隔窗可看到依山而建的寺廟教學樓、僧舍、大經堂，清晨還可以聽見僧人們誦經聲和咚咚的法鼓聲。房東是尼泊爾藏族人，個子不高，顯得既文靜又精幹，他

赤丹諾布澤寺，尼泊爾人稱：本波供巴、繞多供巴。/ 二〇一二年攝

寺廟牆上懸掛著慶祝寺廟成立十週年的宣傳橫幅。/ 二〇一二年攝

說自己念誦薩迦派的經文，本教也是幫助眾生出苦海的，他對本教很尊重。

登上寺廟台階，看見懸掛在牆上慶祝寺廟成立十週年的橫幅，及清掃衛生的僧人們。在艷麗的三角梅樹下，見到麗梅女士，她是雲南白族姑娘，家住四季如春的瀘沽湖畔，連續四年在仁波切身旁學習大圓滿，她講一口流利的英語，還會說幾種方言的藏語，在寺廟裡沒有任何語言障礙，麗梅帶我們走進仁波切的住房。

那是我第一次見到仁波切，老人盤腿坐在木榻上，滿面笑容地用藏語說：「歡迎你們的到來，請坐！請坐！」他的笑容是那樣祥和，身上有著巨大的安詳，從窗外射進的陽光照在仁波切身上，形成一個金燦燦的大光圈。

我們按照藏族人的禮儀，給仁波切行大禮，獻上白色哈達。仁波切伸手示意：「可以啦！可以啦！不用像藏族人一樣磕大頭，上次來了一群藏族人，他們磕大頭，這個屋子小，結果他們都到涼台上磕頭。」他邊說，邊哈哈笑起來，看到仁波切如此風趣，我們消除了緊張，笑聲像大海波濤一樣在房中蕩漾。

「你們從北京坐幾個小時飛機到加德滿都？你們住在下面的招待所嗎？你們是遠方來的客人，寺廟條件有限，讓你們受委屈啦，生活上修法上有什麼要求儘管提出來，不要客氣。」

當仁波切聽完麗梅的彙報後，他微笑地點點頭。

我認真聽仁波切講的每一句話，雖然聽不懂藏語，但他的表情告訴我：他是一位充滿愛心、慈悲友善的老人，是一位可依止的上師。我

丹增南達仁波切／二〇一二年攝

消除了緊張，大膽說出想求象雄耳傳大圓滿法的心願。仁波切看著我：「象雄耳傳法是大圓滿修行最高的法門，是歷代上師輾轉附耳親傳的竅訣法，它是透過某個時代的大師以某種特殊的方式，把自己的心法傳於某個時代的弟子，其間隔有上百年或上千年。

「象雄耳傳大圓滿是雍仲本教即身成佛的法門，也是大圓滿法的精華。『象雄耳傳四類』是最高的境界，是佛法的精華，是頓悟的道路，是今世成佛的快速法。它的傳承經文是《佐巴欽波象雄年居嘎究果喜》，現在簡稱《象雄年居》，有高地和低地不同的傳導經文，包括三種根基的教導，它歷經了開始到以後數十個世紀不間斷的上師口耳相傳，不像其他體系曾被藏匿於某處。」

仁波切停頓一下，看看手錶：「現在快中午了，你們先去吃中餐，明天早上我給你們傳授象雄耳傳的上師相應法。」看到仁波切這樣爽快地答應了我的請求，心中十分感動。

仁波切一九二六年出生在西藏丁青縣卡如村，一個瓊部白大鵬世襲的普通牧民家，家裡飼養著很多犛牛、綿羊、山羊和馬。父親哲奧巴桑家族曾出現過很多有功德的人，著名的赤青寺領經師幾乎都來自這個家族，母親東薩嘎瓊家族世襲畫唐卡，家族中出了很多位繪畫大師。

一個月明夜，媽媽做了一個夢：一位身穿白色長袍長有白色鬍鬚的瑜伽老者，雙手托著一本經書走到媽媽身旁，將經書鄭重地遞在媽媽手中說：「以後的日子，妳一定要好好保管呀。」言畢，瑜伽士消失在虛空中。過了幾天，媽媽發現自己懷孕了。十個月後一個旭日東升的吉日良時，仁波切出生

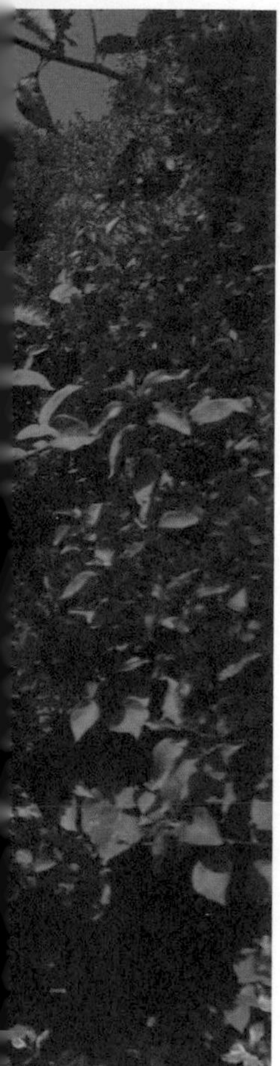

丹增南達仁波切的住所。/ 二〇一二年攝

了，取名為：齊麥雍仲。他七歲進入離家不遠唯一的學校——本教丁青寺，跟著當經師的叔叔學習藏文化和經文，十一歲跟隨舅舅澤仁亞陪學習畫唐卡，舅舅精湛的繪畫技巧和畫中人物故事，深深吸引著他，小小年紀經常沉浸在繪畫中而忘記吃飯……

第二天上午，我們按照仁波切約定的時間，準時來到仁波切住所。仁波切微笑地在等待我們，他面前的小桌上擺放著一摞經書和一尊透明的水晶佛像。

仁波切用溫和的目光巡視我們每一個人後說：「在一切諸佛中，沒有一位成功者不是依賴上師而證悟的，沒有上師的指點和引導，我們不可能體悟教法的真理，特別是讓我們在相續中產生特別的智慧；我們依靠上師就要相應，相應的基礎就是堅信，在堅信的基礎上，一切遵循上師的教誨，上師象徵一切諸佛、覺悟者、加持力的結晶，上師相應法的意思是讓我們的心與上師的智慧心相結合，由衷地祈禱很重要……」

說著，仁波切拿起桌上的水晶製品，裡面映出一個裸身坐姿的佛像，彎彎的眉毛，似帶微笑的雙眼，紅紅的嘴唇，長髮自然垂在雙肩上。

仁波切接著說：「恭敬心是修行的核心，當一切思維都充滿對上師的恭敬心時，不管發生什麼事，都看作是他的加持，能夠以這種永遠現前的恭敬心來修行，就會產生自然的信心。

仁波切給我們傳授上師相應法。/ 二〇一二年攝

李麗梅女士幫我們翻譯。/ 二〇一二年攝

達貝捨匝（左上）與弟子朗西羅波／丹巴雍仲堪布提供

仁波切說：「我已經把佛介紹給你們認識啦。」/ 二〇一二年攝

「要反覆練習，我們在日常生活中的坐臥、走路、吃食品、飲水、睡覺、做夢和醒來，都能自然地越來越融入上師的存在，慢慢地經過多年專注的恭敬心，你開始知道並體悟到一切現象都是上師智慧的展現，你這麼做時，就是把自己完全交給上師。

「在達貝捨匝之前，這個大圓滿法是以口耳相傳的形式傳承，這個法只允許單一傳承，從一人傳至下一人，法也被保護得非常祕密，不是所有的求教者都可以傳授。首先是上師挑選學生，上師要向護法神請示是否可以教授來者，還要檢查弟子是否有虔誠心和決心等諸多方面，如果找到了合格的傳承人，這個弟子在接受教法之後，要立即去修習，直至獲得虹身或成佛。這個法不允許任何人用文字記錄或寫些注釋，直到第二十五代達貝捨匝上師為止……」

仁波切讓我們仔細看玻璃製品中的佛像：「這位就是達貝捨匝，達貝捨匝生於七世紀象雄岡底斯山地區，他從上師達瓦堅參那裡學習了象雄耳傳。在達貝捨匝之前，有二十四位象雄耳傳大師是無間斷獲得虹光身而成佛，我給你們傳的法就是要觀想他。

「達貝捨匝是所有傳承上師的代表，如信任他並且發起強烈的虔誠心，那就是不同尋常的皈依，如果對他產生信任和虔誠，那你所需要的任何幫助和護佑都可依靠達貝捨匝，他就是你的朋友、你的本尊、你的護法、你的一切，經常要一心一意非常虔誠地進行祈禱。」

接著，仁波切打開一本經書開始誦經，給我們傳授上師相應法，並仔細描述講解需要觀想的細節和回向。

「我已經把佛介紹給你們認識啦，回去好好練習，一定要認真地觀想，虔誠地祈禱！不要認為沒有做過皈依儀式是不夠的，你要記住，虔誠心非常重要，如果有很好的虔誠心，它永遠都不會消失，如果你的虔誠心不夠強烈，不太信任，那麼皈依也變得沒用。

「佛就像天空中的太陽，祂知道誰對祂虔誠，知道誰需要什麼，祂知道一切。當我們到商場或花園，看到各種東西，那時要想起佛，把看到聽到的一切供養給佛，那時運用思維，是最好的供養。如果你的虔誠心夠強烈，也許祂會出現在你面前，有時以你的朋友出現，或以物質的形式存在，祂可以化成你需要幫助的一切。有時我們試著相信佛，求佛幫我們實現一個心願，但是佛沒有讓我們如願以償，認為佛不靈驗，那是最糟糕的想法，它會摧毀我們的虔誠心。

「我們要相信一切眾生都和我們一樣，感受痛苦和悲慘，不要傷害任何一個眾生，甚至微小的生命，要幫助他們，救助他們，這是最好的皈依。有什麼問題再問，你們也可以請教雍仲堪布、駐紮堪布、辯經院長。」

聽著仁波切講的這些話，我全身好像燃起一把火……

02 學院式的剎土——世界著名禪修叢林

丹增南達仁波切在灌頂法會上。/ 二〇一二年攝

赤丹諾布澤寺藏語意是穩定、堅固的珠寶山。尼泊爾人稱：丁格銳思（有三間房子的那個有塔的山丘），村中人稱：本波供巴。

一九八六年仁波切六十歲，在信眾的幫助下買了這塊土地，籌建寺廟，一九九〇年大經堂竣工，一九九二年赤丹諾布澤寺正式成立，設有一座大經堂，一座中型經堂，一座密宗經堂，後逐步又修建了二座四層的教學樓和近百間僧舍，設有一個辯經院，一個禪學院，到目前為止有二百多位學僧，已培養出四十多位觀修學士，八十多位格西。

仁波切是一位追求真理的實踐者和引領者，深思教法，堪布丹巴雍仲，禪學院長慈城丹增，辯經院長倉巴丹增，都是仁波切一手培養出來的得力助手。

丹巴雍仲堪布，一九六九年出生在尼泊爾西部的一個小山村，祖輩是西藏阿里人。

九歲時，丹增南達仁波切來他的村中講法，丹巴雍仲十分喜愛仁波切，三年後仁波切再次來村中講法，他在仁波切面前正式皈依出家。一九九四年在印度曼日寺獲得格西學位，多年一直在仁波切身邊學習，負責寺廟教學及管理，也是本教修行道場中的領導者之一。

寺廟學僧大多來自安多、康巴、尼泊爾地區，丹巴雍仲堪布不僅要關心學僧的身心成長，居士們的修學，國際藏學方面的研究，寺廟的建設，還要負責寺廟每年舉行的各種法會。慣例大型法會有：

一月：藏歷新年慶典；年美大師誕辰，格西畢業典禮，羌母神舞，文殊菩薩和占巴南喀大師薈供。

四月：自然界神靈淨化和諧儀式法會。

六月：斯巴嘉母百萬薈供法會。

八月：夏安居。

九月：慶祝佛祖幸饒彌沃的第一個侍者目確丁珠來到世間的法會，占巴南喀大師百萬薈供，紀念幸饒彌沃圓寂法會。

十二月：幸饒彌沃誕辰慶典，淨化儀式。

身材高大的禪學院長慈城丹增，十三歲在西藏巴青縣龍卡寺的將蒙參巴上師前皈依出家，二十二歲在巴青縣遇到丹增南達仁波切給藏民做瑪居灌頂，他在仁波切面前接受了灌頂和二十五條戒律。六年後在西藏再次見到仁波切，他接受了二百五十條戒律。一九九三年來到赤丹諾布澤寺，二〇〇一年取得格西學位後一直在寺廟任教。

禪學院有七十多位學僧，學習不同的大圓滿傳承體系和部分顯宗課程。

學僧每天要念誦上師祈禱文、修上師相應法、托嘎、徹確、靜坐、煨桑、水供、煙供、無畏布施等。

每月三十日中午，舉行象雄耳傳的美日本尊薈供法會。學僧每年修一次九加行，第三年修百日扎隆，第四年進行四十九天黑關修習，四年完成學業，經過考試，頒發禪學院畢業證書。

慈城丹增院長有豐富的觀修經驗，我常去請教院長什麼是空？什麼是明？什麼是覺知等各種問題。

「仁波切掌握了本教所有的知識，顯宗、密宗、歷算、星象、梵文……講課非常幽默，開示非常簡單，他的課堂非常活躍，特別是他的佐欽教法非常精彩有趣，他理解佐欽本質和精髓，每次聽課，只要認真感悟，都會得到加持。他要求學生每天必須做一個半小時觀修，否則觀修能力就會降低，得不到任何利益，我在仁波切身上學到很多。

「我們的心如山上流下的水一樣散亂，我們沒有力量讓散亂的心安住一個地方，我們學習各種知識練習觀修，心會變得越來越安詳。

「大圓滿前行課程，有無常、皈依、菩提心、曼扎、上師相應法。正行是進入大圓滿修行階段，那時沒有專注對象，是無修的，讓心放著的狀態，那個狀態是自然的、自生智慧。自生智慧不實有，

上圖：赤丹諾布澤寺堪布 ── 丹巴雍仲仁波切／二〇一二年攝
下圖：禪修院長 ── 慈城丹增／二〇一二年攝

不是因緣造成，如虛空一樣，雖然是空，自身有明的特性。明是自己覺知的，是自覺（自己知道自己），空明合一不可分割，空與明雖然是不同的名，其本質是一樣的，我們想分開這兩種特徵是分不開的，我們看到的外面表象是我們從幻想中生出來的。

「我們心性如水，我們的五官體會到的對象就是水中的影子，這些來源於我們的心性，來自我們的本覺。我們心中有各種心所，我們的心性是超出我們所想，各功能都不能理解心性，涅槃、輪迴、快樂、煩惱都來自我們的心性，在我們的心性裡自然安住，自然消失。眾生都有這個心性，但眾生不知道這個心性，跟著五官對外界的感覺走，產生很多煩惱和痛苦。佛外表與我們一樣，知道心性是什麼，不斷去練習，最後完全熟悉心性並安住在那個狀態。

「我們的念頭有三個，好，不好，不好不壞，這些都障礙了心性，如水有雜物，我們攪動水，就不能映出倒影，如我們不管它，讓水自然靜下來，水清澈無比，心性和水是一樣的，是清是明的，不攪動就不會產生煩惱。

「眾生因五毒形成輪迴，有很多消除五毒的方法，顯宗是避開，密宗是五毒轉五智，大圓滿認為兩者沒好沒壞。法報化三身就在心性中，不斷熟悉不斷練習，不添加任何東西，心性中的品質都會慢慢展現出來，一切罪業都會消失在心性中，物質身體也會出現彩虹……」

每次聽到慈城丹增院長講這些內容，我心中都會泛起渴望進入觀修的波瀾，能認識那自身的覺性。

辯經院長倉巴丹增，中等身材，圓圓的臉上總是帶著笑容。他十六歲在西藏丁青寺見到丹增南達仁波切，心中升起修行的信心，立即拜仁波切為師出家，後在孜珠寺、龍卡寺、曼日寺學辯經，二〇〇一年在赤丹諾布澤寺獲格西學位，留在寺廟任教。

辯經院有十三個班，每班七位至二十位學員，辯經課貫穿一年級至十三年級。學僧根據老師講課內容互相問答，互相之間的質疑，可加強思維的縝密，對了悟自性非常有幫助。

辯經院每年有一次辯經考試，一次筆試。學生成績必須達七十五分以上，否則不能升級，截至二〇二〇年辯經院已有二百多位學僧畢業。

我經常去請院長講仁波切的生活和辯經的故事。

「仁波切講課與其他老師講課不同，他用自己豐富的體會和經驗解釋分析經文，聽他講課會升起虔誠心，他是顯宗密宗大圓滿的傳承者，是古象雄文明的活字典，使我們看到西藏宗教和象雄文化的源頭。

「辯經對覺悟自性有非常大的助力，我們要認識本性，認識我們的外相，這需要極高的悟性。打坐有兩種：一種是覺分，一種是基分。覺分是不斷思維、思辨，認識我們的本性；基分是知道本性是什麼，安住在那裡。歷史上的成就者占巴南喀和亞慶

上圖：學僧修煉扎隆的閉關房。/ 二〇一二年攝
中圖：學僧在距寺廟近百公里的嘉欣巴沃山裡進行扎隆考試。/ 姜母岑秋利活佛提供
下圖：辯經院長 ──倉巴丹增 / 二〇一二年攝

李西達讓，寫了基分和大圓滿辯經方面很多著作。我們認識本性的方法有二個，第一修習前行，第二不斷用哲學方法思辨認識它，我們用哲學思辨方法可以認識到微細的變化，經過不斷辯經，強化對空性、本性的認識，明白空是什麼狀態，明是什麼狀態，不僅口頭上明白自性狀態，還要實踐了知自性狀態，如沒有辯經體驗，容易進入誤區，不是每個人都能產生空性的認知。

「大圓滿修行是對空性的認識，對空性的體驗，對明的體驗。如我們在黑闇房裡，如空性的經驗產生時，自己就像從天空墜下來，產生恐懼，想抓住一個東西，產生微細分辨……」

每週末的辯經。保持問答雙方兩臂長的距離，不然，過於激烈，問方會越衝越近。/ 二〇一二年攝

聽了院長的話，我心中特別遺憾不懂藏語藏文，真想學習辯經，從辯經中獲得正確的認知。

每天清晨寺廟的山脊處，都有幾位學僧在那裡靜坐，他們凝神聚氣，眼睛凝望徐徐升起的太陽，修煉托嘎法。在白塔旁、紅牆下，可看到學僧在低聲背書，還可聽到從經堂頂上傳來呸！呸！呸！的喊聲，這是學僧們在修破瓦法。「破瓦」二字是藏語，意思是心識的轉換，也稱作遷識。本教認為：人臨終時，心識散亂、無比惶恐，如生前修好破瓦法，心識就會從頭頂百會穴衝出，轉世到天人道、人道、阿修羅道。如沒修破瓦法的人臨終時，會誤入旁生道、地獄道、餓鬼道轉世。破瓦法修習七天，百會穴出現血痂，這時上師將一支細細的吉祥草插入百會穴，草能直立，表

來自四川省阿壩縣朗依寺求學的學僧。/ 二〇一〇年攝

明此法已修成功。

仁波切為了全方位培養學僧，修建了一個三層約三百多平方公尺的圖書館，高大的書櫃內擺滿本教和其他教派的《甘珠爾》《丹珠爾》《四部醫典》《唐卡製造藝術》《天文歷算》《西藏岩畫藝術》《敦巴幸饒彌沃傳記》等書籍，有些用金粉寫的古老經書，是仁波切四處收集和信眾供養他的，每當我目睹這些古老的文獻，都會沉浸在古象雄文化藝術的長廊中。

仁波切收留了很多尼泊爾的孤兒和貧困家庭的孩子，提供他們吃住，教他們文化課和佛法。

在寺廟大門處建有一所藏醫院，老師帶學生到山裡採挖藥材，親手研磨，並按照《四部醫典》藥性配伍製作成藥丸，藏藥炮製古法在這裡延續著它的生命。

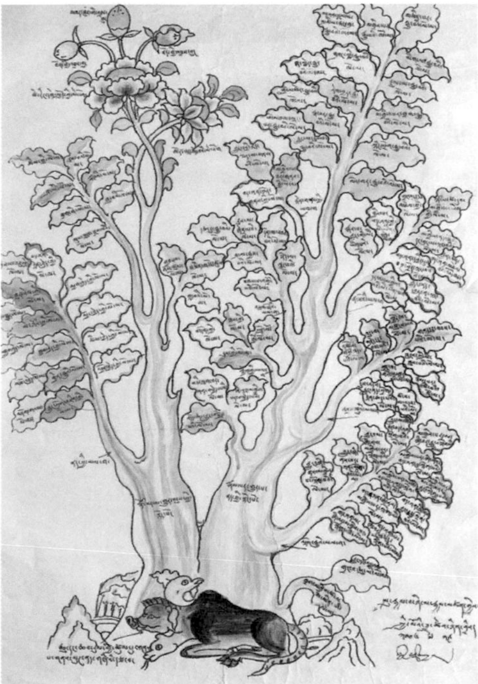

學僧繪畫的《本教四部醫典》中，人生病的根本原因：如蛇一樣貪念、憤怒，會傷害肝臟，如雞一樣過度淫慾，會傷害腎臟，如豬一樣貪吃貪睡，會給脾胃形成痰濕，這三種毒氣，堵塞了人體的經、脈、絡。/ 二〇一九年攝

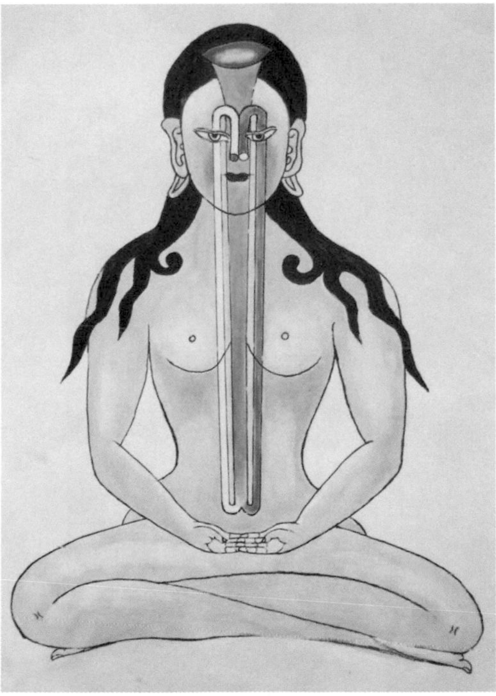

破瓦法三脈圖。人體的正中央有中脈，左右各有精血二脈，男性精脈在右，血脈在左，女性精脈在左，血脈在右。/ 丹巴雍仲堪布提供

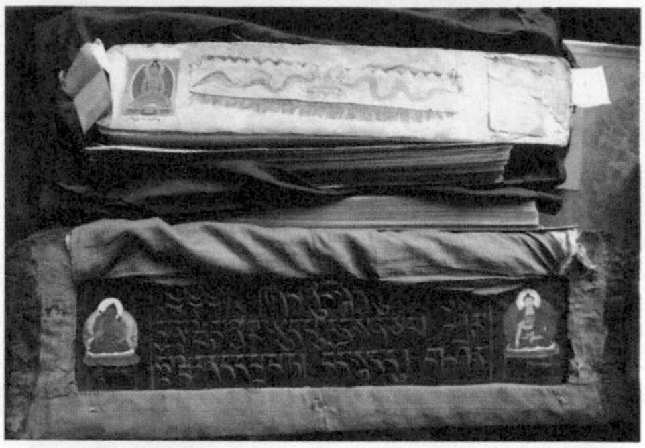

上圖：圖書館藏有數千部珍貴古典籍。/ 二〇一〇年攝
中圖：象雄語的《幸饒南巴嘉瓦白宮嘉波榮》經書。/ 二〇一二年攝
下圖：藏醫院的藥房。/ 二〇一〇年攝

仁波切收留的孤兒和貧困家庭的孩子。/ 二〇一二年攝

在寺廟大門旁，有一座三層的別墅。這座房子的主人原是一位尼泊爾人，他們做生意掙了錢移民加拿大，走時把這棟房低價賣給寺廟。現在別墅的一層是簡易的茶餐廳，二層是象雄文化研究室和尼姑住房，三層是給來寺廟求法的外地人提供的住所。二〇一〇年我來寺廟時就住在這裡，每天夜晚都見一位尼姑坐在樓頂，右手搖鼓，左手搖平鈴唱誦經文，她那柔中帶剛的唱音和沁入心扉的咚咚鼓聲及淒厲悲痛的脛骨號聲，使我心中一次次升起對女性修行者的敬佩，後來得知她在修「施身法」。

寺廟在仁波切的汗水和心血澆灌下，從二、三位僧人，發展成世界著名的大圓滿禪修叢林，每年有很多歐洲、美洲、南非、日本的信徒，源於仁波切至高的威望、淵博的知識，無偽的修證，前來請仁波切傳授法義。

外國信徒請仁波切開示。/ 二〇一二年攝

03 平凡而不平凡

丹增南達仁波切（右一）、桑吉旦真仁波切（中）和教師在曼日寺教室前。/ 赤丹諾布澤寺提供

仁波切從小求知慾望很強，十四歲那年，聽人們口中經常讚美丁青地區的絨巴瑜伽大師是真正的大圓滿行者，於是他獨自一人步行上百里，來到高山上的雍仲巴日寺絨巴大師面前，祈求傳授「弩」灑淨法，大師非常喜愛這位少年，給他講本教的歷史，教授他多種傳承的弩法。

他十五歲時，跟著舅舅一起給本教的雍仲林寺經堂和多座寺廟畫壁畫、畫唐卡。兩年工程結束，他的夥伴和舅舅都回家去了，他獨自留在雍仲林寺裡聽僧人們念經，之後他約兩位僧人步行前往尼泊爾朝拜。他們朝拜占巴南喀大師閉關的索魯庫布神山，朝拜木思塘地區的本教古寺，在祖師敦巴幸饒駐錫過的斯瓦揚布自生塔旁禪坐，在博卡拉山洞裡禪修，在母續神山洞中修法，在曾出現很多象雄耳傳上師的路扎地區靜修……

之後在索南仁青高僧座前接受沙彌戒，

正式出家，在西饒慈誠等大師前接受密宗四部的所有修法及藥師佛等十一個儀軌的灌頂、傳承和祕訣，在桑傑丹增老師處，學習本教因明學和九乘。

十九歲，他向雍仲林寺永登堅措學習辯經，跟叔叔學習藏文和星象曆法，同年在藏北納木措湖畔找到在山洞中閉關二十年的上師羅洛赤誠堅參，他在上師住的山洞旁打了一個小洞居住，跟上師學語法、詩歌、梵文、曼扎、宇宙學、迎請儀軌，誦經、加行、正行、黑關、律學等知識，一住就是四年。

二十三歲在西藏曼日寺跟隨桑吉旦真仁波切學習藏文、梵文、修辭學、星象學、藏醫學、經文吟誦、儀軌、戒律、辯經、密宗及大圓滿。二十七歲在曼日寺考取格西學位，同年，接任了他的老師桑吉旦真的教學，被推選為首席教師。三十一歲，開始研究象雄文化，到象雄王曾駐地東讓地區考察，同時在那裡閉黑關，修煉大圓滿。

仁波切的傳承知識主要來自雍仲林寺的首席教師羅洛赤誠堅參，和曼日寺的首席教師桑吉旦真二位上師。

仁波切三十三歲，與西藏曼日寺的幾位僧人攜帶一些佛像和部分經書，徒步到尼泊爾參拜本教古老寺院，途中他因腿部受傷不能行走，就把佛像和經書埋藏在地下，又擔心丟失，將這些聖物挖出換了一個地方重新掩埋。幾個月後，他腿傷康復，把聖物挖出，又將聖物埋藏在那曲惹雍措湖畔，並讓僧人達西負責看護，自己住在藏北當讓湖畔的色西寺修法。

一年後，他去了尼泊爾博卡拉山中閉關修法，寫本教歷史，在回加德滿都的途中，遇到英國學者大衛・斯內爾爾格勞夫，學者向他請教很多本教問題，邀請他和隆度丹貝尼瑪（後成為三十三代曼日法王）去英國倫敦大學翻譯本教九乘，學習英語。

仁波切三十四歲和隆度丹貝尼瑪仁波切一起在英國做西藏文化研究，看到很多西方人誤認為本教殺生血祭，感到特別恐懼。仁波切立即翻譯了本教九乘經文，從尼泊爾多波地區借來很多本教古典書籍翻譯發行，看到此書的人很驚訝：為什麼和傳言不一樣？慢慢地人們對本教的疑團解開了。

一九八六年丹增南達仁波切朝拜西藏聖地。/ 赤丹諾布澤寺提供

仁波切三十八歲（一九六四年）從英國回到印度，著手建立本教信徒安置點，他去了很多地方尋找土地，遇到很多困難，那時在印度的藏族本教信徒很少，其他教派的人和本教不友好，背後作梗，本來與對方已談好土地價格，對方突然不賣了，迫使仁波切每天不停地奔波尋找土地。

兩年後，終於在天主教會的資助下，買下印度西姆拉邦索蘭縣多蘭吉撒卻給特山脈的一塊山地，本教喇嘛和信徒遷移到多蘭吉，仁波切帶領僧眾協助三十三代曼日堪布隆度丹貝尼瑪仁波切修建曼日寺大經堂、護法殿、辯經場以及僧房，為僧眾提供了修心、居住環境。丹增南達仁波切負責教學，每天從早八點鐘講課到傍晚五點結束，晚上在房間觀修。

仁波切四十二歲，應號夫曼教授的邀請去慕尼黑大學教授本教歷史課，在巴比爾學院編寫《英藏字典》，後協助慕尼黑大學編譯藏德英三語字典，印刷了很多本教書籍，出版了二本《敦巴幸饒傳》。

仁波切四十八歲，做了二次象雄大圓滿閉關，給法王和喇嘛們第一次舉行本教十三種顯密灌頂，並寫了很多密宗方面的書。仁波切五十一歲，在加德滿都閉關修本尊，在多蘭吉閉關一百天修母續「瑪居」。

一九七八年，他給著名的藏學家、寧瑪派法王南開諾布仁波切和他的弟子們，傳授象雄耳傳法系中的象雄美日本尊完整的經文和灌頂。一九八三年，給南開諾布仁波切傳授《象雄年居》大圓滿法和象雄美日本尊等密法。

仁波切六十歲（一九八六年）回國探親，朝拜了本日神山、岡仁波齊、峨眉山和很多本教寺廟。

上圖：一九八六年丹增南達仁波切回國看望八十二歲的老母親。/ 赤丹諾布澤寺提供

下圖：一九八六年丹增南達仁波切探望舅舅。/ 赤丹諾布澤寺提供

仁波切探親後回到尼泊爾，立即安排格西尼瑪旺嘉負責寺廟建設，兩年後，仁波切搬進蓋好的一間小房，把大圓滿觀點和中觀及其他教派哲學觀點編寫成一套辯論教材，上午給學僧們講辯經課和觀修課、下午講大小五明課，同年舉行甘露法會和十五天閉關修法，並用英語出版了《普賢王如來心髓》，這是第一本全面介紹本教大圓滿的書，是一本權威著作。

仁波切六十三歲（一九八九年），受寧瑪派的大圓滿導師南開諾布的邀請，在英國、美國和義大利教授本教大圓滿《阿持》《象雄年居》，推進了國際上對象雄文化的關注和研究。

仁波切六十六歲（一九九二年），第二次朝拜西藏聖地，給敦巴幸饒祖師的後裔辛色諾布旺嘉傳授母續四灌頂和言教，在那曲給信眾傳授九乘教法及灌頂，在丁青寺傳授律經、訣竅及文殊灌頂。出版了英文版的《大圓滿傳統精髓——普賢王如來心髓》。

仁波切六十九歲，在歐美等地傳授《象雄耳傳》和《阿持》。七十一歲與日本博物館合作出版了《本教壇城》，同年舉辦炯秋本尊甘露法會。仁波切七十二歲，參加二十世紀世界教育人性哲學大會，宣講本教佛法對現代人的指導。仁波切七十三歲（一九九九年）第三次朝拜西藏聖地，贊助丁青縣成立藏醫學校，提供免費教學和藥品。

仁波切七十五歲（二〇〇一年），赤丹諾布澤寺第一批格西畢業，同年仁波切把本教的全部灌頂，傳授給僧眾，還給一些特殊根器的弟子傳授祕密教法。仁波切七十七歲，在西藏資助建立醫學院。二〇〇四年仁波切資助丁青建立唐卡美術學校。

仁波切七十九歲（二〇〇五年），在法國成立辛丹傑林禪修中心，每年春季和夏季定期在閉關中心舉行聞思修課程，同年仁波切出版了他的全集。仁波切八十歲，再次與日本民族博物館合作出版《本教壇城》。仁波切八十一歲在西藏那曲雍仲林寺、本日神山等地，給本教僧眾傳法、灌頂。

至今，仁波切已經九十七歲高齡，每天還在不停地學習、寫作、禪修。他輔佐了三十二代曼日堪布、三十三代曼日堪布、三十四代曼日堪布。仁波切用一生時間在實踐大圓滿教法，不厭其煩地為遠道而來的信眾答疑解惑，他的身語意總是與教法相齊，他的智慧光芒如溫暖的太陽，時時照耀著每個與他鏈接的生命。

一九八六年丹增南達仁波切朝拜本教直龍寺遺址。/ 丹巴雍仲堪布提供

法王隆度丹貝尼瑪仁波切看望丹增南達仁波切。/ 赤丹諾布澤寺提供

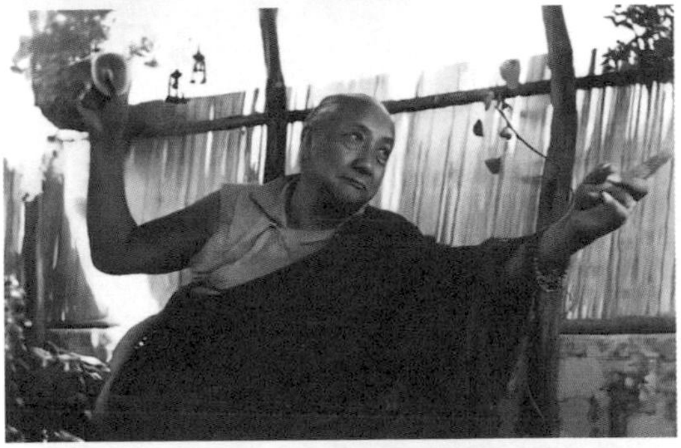

上圖：一九八三年，丹增南達仁波切（前中）將大圓滿《象雄年居》教法傳授給南開諾布仁波切（後中）。/ 阿咪羅羅提供

中圖：丹增南達仁波切給南開諾布仁波切傳授本教大圓滿法後，送給他一個本教專用的平鈴。/ 阿咪羅羅提供

下圖：南開諾布仁波切拜見丹增南達仁波切。/ 阿咪羅羅提供

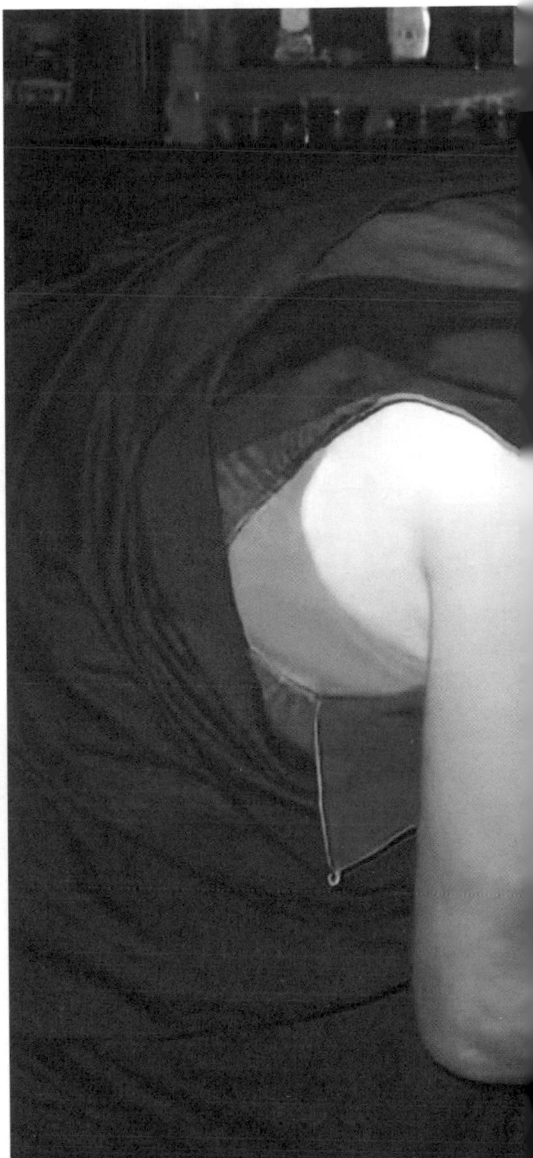

第二章

連續十六天的曼日甘露法會傳承

我和所有參加灌頂的信眾一樣，雙手捧上潔白的哈達，口中唱誦著八字真言：嗡瑪哲莫耶薩勒度，嗡瑪哲莫耶薩勒度……把潔白的哈達獻給最崇敬的仁波切。

右圖：學僧製作法會所需的上萬個形態不同的多瑪。/ 二〇一二年攝
左圖：主尊佐穹喀京是本教五大本尊之一，祂是幸饒彌沃佛意的化身。/ 丹巴旺傑提供

04 會前集結——寺廟上下緊張而有序

這次慶典法會核心內容，是製作密宗中佐穹喀京主尊的甘露。全體僧人在連續十六天寂怖系列密法修持下，主尊佐穹喀京在空中發射出無比強大的超能量，將紅蓮花、沉香、優鉢羅花、百合、檀香、丁香、珂子、豆蔻等數百種珍貴藥材，煉製轉化成稀有療效的甘露法藥。本教經典記載：甘露能驅除邪魔精鬼所擾，能防禦各種災劫障難，可消一切惡疾，可清無明業障，可入海、河、湖等處利益水族眾生。

仁波切特別告訴我，曼日甘露法會傳承源於西藏溫薩卡第三代堪布，西藏曼日寺有大成就者東炯圖欽製作的一個裝有九個小盒子的錦囊，每個小盒內裝有珍貴的甘露，仁波切從西

藏來時帶了其中一個小盒子，這次做的甘露就是用這小盒子內的甘露做藥引，有特別療效，念誦的經文是伏藏的。

***

法會開幕前三天，學僧們按照班組分別在沖洗地面、擦拭玻璃、搭帳篷、布置會場、調試音響、做多瑪、繪製壇城等。一組僧人在護法殿內修密法祈禱格鬧憤怒本尊，一組瑜伽士在小房內修密法祈禱占巴南喀長壽三尊，一些來自歐美的象雄文化研究者在小經堂內做學術交流，仁波切每天要到法會現場查看準備狀況，寺廟上下一派緊張有序。

右圖：學僧在繪製灌頂法會、甘露法會所需的南傑白瑪隆仰佛和喜哇雍卓佛的壇城。/ 二〇一二年攝
左圖：學僧用青稞麵加入甘露粉及冰糖製作幫助眾生解脫的高僧像。/ 二〇一二年攝

仁波切檢查甘露法會所需的專用供品。/ 二〇一二年攝

大經堂內搭建的祕密壇城。/ 二〇一二年攝

丹巴雍仲堪布查看供台。/ 二〇一二年攝

右圖：為保證參會信眾用餐，學僧們要提前做出幾百斤麵粉的大餅。/ 二〇一二年攝
左圖：瑜伽士做的密供。/ 二〇一二年攝

丹增南達仁波切和丹巴雍仲堪布祝願象雄文化研討會順利召開。/ 二〇一二年攝

仁波切在法樂儀仗隊的帶領下，走進會場。/ 二〇一二年攝

05 密集法會——莊嚴喜樂氣氛洋溢各角落

法會開幕第一天清晨（十二月十三日），經堂後面搭建的大帳篷內，嗩吶齊奏、鑼鼓喧天，仁波切在法樂儀仗隊的帶領下，穿過小樹林，走進法會現場，主持人宣布慶典法會正式開始！仁波切帶領學僧們念誦祈禱經，約三百多位在家信眾靜靜地坐在椅子上聆聽，我也雙手合十，祈盼從法會中汲取能量，獲得智慧。那天僧人們連續念誦了三個多小時的經文，中午十二點法會才結束。

次日清晨，丹巴雍仲堪布站在大經堂旁的平台上，主持密宗除障儀式。

僧眾排成一隊，見丹巴雍仲堪布手握小水舀，口誦經文，從紅色大塑料桶中舀出一些淡黃色的甘露水，澆在學僧頭頂和手上，讓他們沖頭洗手，再將一些甘露水倒在學僧手中，學僧把甘露水吸進口中，約三秒鐘後，把含在口中的甘露水吐在地上鐵盤內的紅色小麵人身上（密宗中的替身）。輪到我，堪

上圖：約三百多位信眾參加慶典法會。/ 二〇一二年攝
下圖：除障儀式 / 二〇一二年攝

布向我微笑點點頭，從桶中舀了很多甘露水澆在我頭上，清涼的水順著髮絲流淌在臉上，心中陡然生出一股感動，我伸出手接過甘露水，吸入口中含著，想：把我往世今生的怨氣全部清理乾淨，把我身心所有的疾病也統統清除掉。我屏住呼吸彎下腰，將口中的甘露水吐在替身上，頓時覺得身心無比清爽。

當全部參會人員完成除障後，兩位僧人端起裝替身的鐵盆，向遠處山地走去……

赤丹諾布澤寺發展很快，幾年內增到二百多位學僧，仁波切計劃在山坡上修建一座大經堂，以緩解經堂的擁擠。本教認為：大地供給眾生賴以生存的五穀和豐富的地下寶藏，大地具足無量的慈悲、無量的智慧，無量的福德，乃至無量的吉祥，人類離不開大自然的庇護，真誠對山神、地神、水神等進行讚嘆，就會達到天地眾生歡喜和諧。仁波切按照密宗歷算，確定十二月十四日上午舉行動土儀軌。

這天清晨，陽光明媚，在依山搭建的布棚內，仁波切帶領三十多位學僧念誦《十萬龍經》《天地八顯經》，另一百多位學僧身穿盛裝，手持長柄鼓、平鈴、碰鈴、簫、嗩吶、莽號等各種樂器和彩旗，整齊站在山坡上。

誦經結束，仁波切右手拄著拐杖，左手托著一個銅質羅盤，按照羅盤上的指針走向山坡，走了大約五、六十公尺停下腳步，指揮學僧用石粉在地上畫了一個像房子一樣的座標，學僧用繫有白哈達的鎬頭刨土，將土裝入盆內，瞬間鑼鼓喧天，歡快的法樂響徹天地。

我跟隨學僧長隊走到平台上，他們瞬間變成兩排橫隊，邊吹打樂器，邊高聲唱經，每張臉上都洋溢著無比幸福快樂……

接下來，仁波切連續三天親自主持南達白瑪隆仰佛和隆傑系列的灌頂。這是我第一次接受正規嚴謹的灌頂儀軌，內容密度之大，使我至今難忘。

上圖：紅色麵人是冤親債主的替身，對面是象徵講佛法的高僧塑像。/ 二〇一二年攝

下圖：仁波切按照羅盤座標，指揮僧人在地面上畫標誌，取土。/ 二〇一二年攝

法樂齊鳴，學僧們圍繞取出的土，高聲唱誦讚美土地的經文。/ 二〇一二年攝

南達白瑪隆仰是純潔蓮花之意，此佛慈悲至愛，能摧迫一切魔障，照破眾生的暗冥，保佑壽命財寶長遠豐饒，成就一切種智，解救六道眾生的痛苦。隆傑經文是雍千薩智爾桑、幸拉沃嘎、斯巴桑波奔赤、敦巴幸饒，四位佛傳授的身語意的合集，屬密宗的外密。

灌頂的意義是使修行者與傳乘鏈接，授與弟子觀想本尊、修持心咒等特權，給弟子種下在未來證悟佛境的種子。本教四部密法強調：弟子在接受灌頂前必須謹慎考慮是否能遵守法門的戒條。灌頂的上師也必須品行高尚，熟知灌頂儀式及了悟法理，對此法閉過關並修有成就。儀軌要求接受灌頂的人，胸前配戴寫有種子字的彩色布條，藏語稱「覺伴」，這是灌頂標誌，可驅除法會上魔障的干擾。

仁波切安詳地坐在法座上手搖平鈴，清脆的鈴聲通過麥克風，劃破整個會場，在領經師渾厚的誦經聲中，仁波切手舉一張張畫有佛像、法器、聖物的卡片讓信眾看，我睜大眼睛，認真仔細地將五十多張卡片的畫面一一輸入心中。

突然一陣密集的法樂聲，在場的每個人都用哈達蒙住面部，我也模仿著他人將手中的哈達繫在頭面上。當端著畫有壇城木板的學僧走到我面前時，我把事前準備的一朵塑料小紅花，輕輕地投在木板上，聽到這位學僧說：「北方。」我知道了壇城的北方佛就是我的本尊。接著，仁波切宣告東方、西方、南方、北方、中間方位佛的名字，及每個人的祕密名字，還給我們傳授了本尊外密、內密、祕密、極密的心咒……

本教經書中記載：人死後在中陰時，本尊會呼喚這祕密名字，自己聽到後，將跟隨本尊的指引進入上三道轉世，而不會墜入下三道。我深感自己的幸運，此生能得到這稀世珍寶。

雍千薩智爾桑佛、幸拉沃嘎佛、斯巴桑波奔赤佛、敦巴幸饒佛法相 / 丹巴旺傑提供

法會進行到第五天上午（十二月十七日），仁波切主持寂怖本尊前行灌頂，下午舉行製作甘露的密宗儀軌。

正午時分，平台上法號齊鳴，丹巴雍仲堪布率領全體學僧，大聲唱誦本尊和護法經文的同時，跟隨歡快的法樂聲跳起旋轉舞，並快速變換隊形，有時隊伍呈現圓形，有時呈現卍形，有時呈現方形，學僧們飛速旋轉的身姿，就像一股股出爐的鋼水迅猛有力，奔流不息。

又一陣鑼鼓喧天的歡快法樂，四位天王雄赳赳氣昂昂，邁著四方步，進入主會場。本教經典記載：四大天王是四位天神，分別住在須彌山的東勝神洲、南贍部洲、西牛賀洲、北俱盧洲，他們各有強大的集團軍，降妖除魔，保護天下和平。身穿白色龍袍的白臉獅王主管東方，身穿藍色龍袍的藍臉熊王主管南方，身穿綠色龍袍的綠臉龍王主管西方，身穿紅色龍袍的紅臉豬王主管北方。

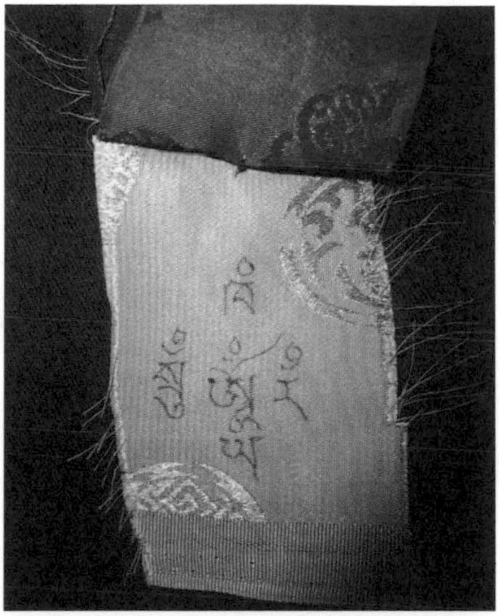

上圖：參加灌頂的人，胸前配戴寫有代表地、水、火、風、空種子字的「覺伴」。/ 二〇一二年攝

下圖：灌頂用的雜噶集（卡片）。/ 二〇一二年攝

右圖：仁波切走向灌頂會場，天空出現五彩雲和兩隻翱翔的雄鷹。/ 二〇一二年攝
左圖：接受灌頂。/ 二〇一二年攝

四位天王在高昂的法樂聲中，神光四射，威風凜凜，有的手拿令牌，有的緊握金剛橛，有的高舉寶劍，有的手握三角利刃，邁著穩健雄壯的步伐環視四周，他們時而停下腳步，口中發出震耳的「額」聲，時而揮動手中的刀劍，懸空畫符，發出「勿」聲，時而高舉令牌就地頒布旨令，時而疾步走向角落四面巡視，時而登上屋頂昂頭觀天，處處彰顯出他們盡職盡責的豪壯精神。

學僧們緊隨四位天王左右，搖鼓吹奏、高聲唱經、旋轉身姿，那種緊張熱烈有序的氣氛，用語言難以形容。我緊跟天王身旁，速按相機快門，記錄下一幅幅生動有趣的畫面。

***

接下來的第二天上午，隆重的儀仗隊帶領多位身穿彩衣的小天神走進廣場，站在擺放藥粉袋子的台案四周。丹巴雍仲堪布率先手持銅藥錘在裝有草藥的銅罐裡用力捶碾，之後信眾

丹巴雍仲堪布率領學僧高聲唱誦經文，快速變換隊形。/ 二〇 二年攝

迎接獅王、豬王、龍王、熊王，進入主會場。/ 二〇一二年攝

學僧們跟隨歡快的法樂聲，跳旋轉舞。/ 二〇一二年攝

每人依次進行幾分鐘的搗藥，我也拿起藥錘，在藥罐中使勁鑿碾草藥，藥罐發出鐺、鐺、鐺清脆的金屬碰撞聲，一股股清香的藥味飄散出來，沒想到自己今生還有緣分參與製作甘露。

戴著口罩的兩位學僧和兩位瑜伽師把碾碎的藥粉，分別裝入畫有八寶圖案的八個寶瓶中，用黃絲綢封口，雙手交到天神手中。身姿曼妙輕盈如盛開的牡丹般的小天神雙手托起寶瓶，跟隨身穿長披風的學僧，在大鼓、小鼓、銅鈸、嗩吶等法樂的節奏中，優雅地旋轉身體。學僧們邁著剛勁有力的虎步時而急速左旋，時而極速右旋，紅色披風瞬間蓬開，就像一束束在天地間怒放的紅色蓮花，我看得目瞪口呆。

連續十六天，僧人們分成四班，每天二十個小時輪流不息地在張燈掛彩的經堂內、院落中，吹奏各種樂器、唱經、跳旋轉舞。小僧人和來自四面八方的信眾圍繞著經堂、白塔行走，大聲唱誦母續心咒：索麥布達呀達瓦達拉索哈，索麥布達呀達瓦達拉索哈……

莊嚴喜樂的氣氛洋溢在寺廟各個角落。

法會進行到第十六天（十二月二十八日），

儀仗隊帶領天神進入甘露製作會場。/ 二〇一二年攝

丹巴雍仲堪布手持銅藥錘在裝有草藥的銅罐裡用力捶碾。/ 二〇一二年攝

學僧們穿戴嶄新的密宗服飾，整齊排列在大帳篷內，準備接受仁波切給予的寂怖本尊的正行灌頂、憤怒本尊長壽灌頂和藥師佛灌頂，這天也是甘露加持轉化成功的時刻。

灌頂前，我們每人收到一枝吉祥草，學僧告訴我：晚上睡前放在枕下，這晚的夢境會告訴自己在修行上要注意的事或有關修法的密意。吉祥草是一種生長在印度生命力極強的植物，學名叫百節草，也叫長壽茅，據說它被砍斷曬乾，遇到水，馬上從根節處生出嫩芽，人們視它為長壽的象徵。我小心翼翼地把這枝神祕的吉祥草夾在筆記本中，準備晚上接收空行母賜予的光明夢。

仁波切坐在法台上，念誦經文、給我們灌頂、傳授密法……

大家日夜期盼的甘露終於製作轉化成功啦！每個人都有幸得到一小袋珍貴的甘露，我將少許金黃色柔軟細膩的甘露粉放到舌尖上，涼絲絲，甘甜中有點辛辣，咽下後，頓覺有股暖意慢慢貫徹全身。

上圖：信眾參與製作甘露。/ 二〇一二年攝
下圖：裝有數百種草藥的袋子，碼放在壇城四周，等待佛加持轉化成甘露法藥。/ 二〇一二年攝

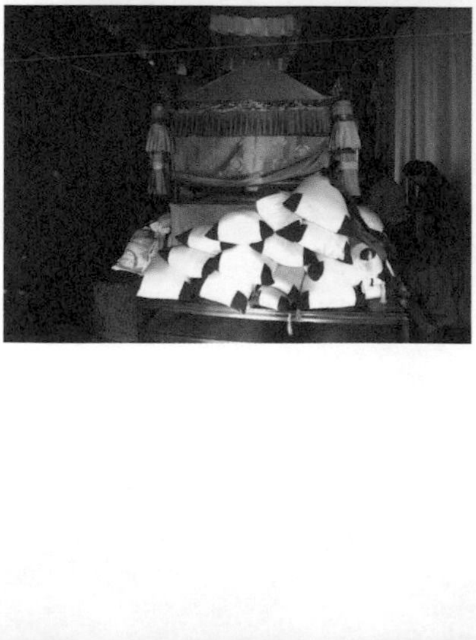

將甘露原材砸碾成粉狀，除藥渣，分別裝入八個寶瓶中。/ 二〇一二年攝

右上：扮成天神的小僧人，手托裝有藥粉的寶瓶，隨著法樂旋轉跳舞。/ 二〇一二年攝

右下：身材高大的學僧圍著擺放藥粉的台案，高聲誦經、吹奏法樂，快速旋轉身姿，用密宗神舞讚嘆三寶。/ 二〇一二年攝

左圖：夜幕降臨，學僧還在繼續唱經、跳舞、祈禱。/ 二〇一二年攝

灌頂法會結束後，舉行了格西考試和畢業典禮，仁波切和辯經院長給格西頒發畢業證書。格西們每人臉上呈現著激動和感動，恭恭敬敬地給仁波切和教師們敬獻哈達、行磕頭禮。

一幅「落紅不是無情物，化作春泥更護花」的畫面呈現在我面前，上師您是我們此生來到這個世界有緣見到的那尊佛，您如春雨，潤育桃李，神州大地盡芳菲！

仁波切的教育功德不可思議，從藏文知識、大小五明、顯密教法、灌頂、到大圓滿心要等，毫無保留地傾囊相注全部傳授給弟子，經他培養出的格西很多獲得了最高成就。

我和所有參加灌頂的信眾一樣，雙手捧上潔白的哈達，口中唱誦著八字真言：嗡瑪哲莫耶薩勒度，嗡瑪哲莫耶薩勒度……把潔白的哈達獻給最崇敬的仁波切。

右圖：甘露轉化成功。/ 二〇一二年攝
左圖：學僧邊唱誦經文，邊搖法鈴、跳旋轉舞。/ 二〇一二年攝

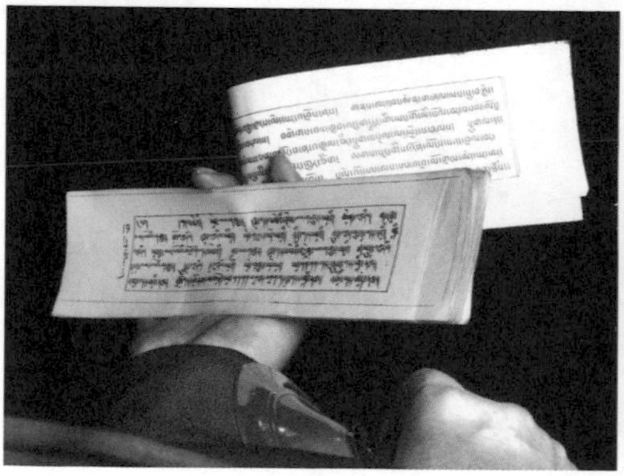

上圖：密宗灌頂法會 / 二〇一二年攝
下圖：灌頂前，發給每人一枝吉祥草。/ 二〇一二年攝

右圖：仁波切給格西頒發畢業證書。/ 二〇一二年攝
左上：新畢業的格西。/ 二〇一三年攝
左下：灌頂法會圓滿結束，每人分享到一份供品。/ 二〇一二年攝

ANNIVERSARY OF TRITEN

第三章

親近《象雄年居》掌門人

仁波切是三種大圓滿教法最嚴謹的傳承人，他以佛的智慧，菩薩的慈悲，言傳身教，他的每次開示，都能驅散修者心中的迷惑。

06 密意傳承——驅散修者心中的迷惑

《佐巴欽波象雄年居嘎究果喜》起源於古象雄，是古老口耳傳承從未中斷的教授，是一切大圓滿法的源頭，其修法分為大圓滿禪定和大圓滿心髓。藏語簡稱《象雄年居》，漢語稱它「象雄耳傳」。

***

最初法身佛袞德桑波（普賢王如來）將四部祕密教法以意的形式傳授給白光佛幸拉沃嘎，這是一個以祕意方式相授的祕密傳承，上師嚴謹地在極少數根器成熟的弟子中挑選一人傳授。

西元八世紀，社會因教法引發紛爭，第二十五代大圓滿虹化成就者達貝捨匝，為了保護這個法不間斷，打破「沒有上師許可，不允許記錄為文字」的祖訓，開許弟子郎西羅波用文字記錄下這口耳相傳的大圓滿修法，從此《象雄年居》經典問世，郎西羅波大士成為《象雄年居》第二十六代傳承上師。數百年後《象雄年居》傳播到西藏南部和北部，溫薩卡第十代主持智敦嘉瓦雍仲

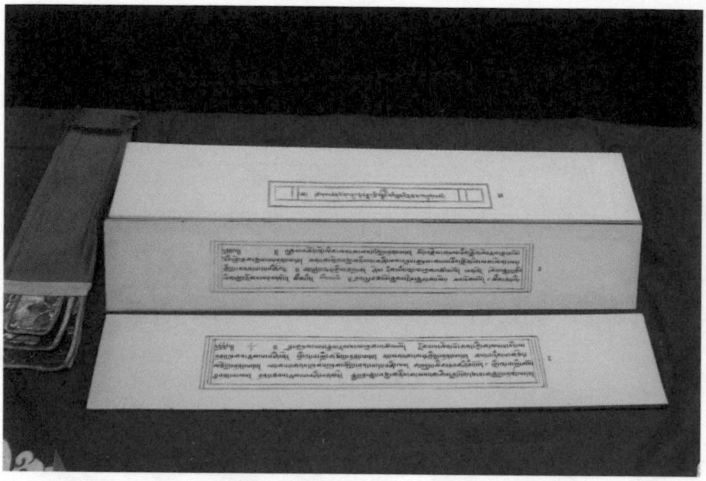

《象雄年居》／二〇一二年攝

法身佛袞德桑波（普賢王如來）/ 丹巴旺傑提供

達貝捨匝與象雄耳傳上師法相 / 丹巴雍仲堪布提供

《象雄年居》法脈圖／丹巴雍仲堪布提供

尊者，將此教法定為曼日寺傳承，丹增南達仁波切是《象雄年居》教法非凡的傳承人。

《象雄年居》其教法論述了宇宙的本質和無束縛的能量，修者可超越因果、輪迴、涅槃，顯現本初的清淨，是頓道，是佛法的心髓。

《象雄年居》經文共有七百多頁，內容包含外密、內密、祕密、極密四大章節。涉及徹確、托嘎、黑闕、扎隆、三十九種幻輪拳法訣竅、氣脈訣竅、催請護法神，還有根本續、注釋續、經驗道歌、歷代上師傳記等內容。

外密：又稱大圓滿菩提心十二幼子續。內密：是面對面傳授內密訣竅——基燈、存在燈、道路燈、門戶燈、展現燈、中陰燈。祕密：是八品訣竅，闡述眼根中祕密隱藏的智慧。極密：對二十一種釘的教授，統一論述基、道、果，詳細解釋身體的基位輪、迷悟緣起輪、脈道輪、時期輪和彼此相連的四輪合和的要點。

象雄美日本尊是象雄口耳傳授中祕密部分，其本尊居住在岡底斯山，是法身普賢王如來智慧的神變，本尊九面十八臂，整個身體猶如噴發的火山，以身、口、意發出智慧烈火，降伏各種惡魔，幫助修者消除憤怒、煩惱、痛苦、惡習、業障、噩夢、疾病、恐懼等情緒，獲得大圓滿智慧。

象雄美日本尊／丹巴雍仲堪布提供

《佐欽扎巴格松》大圓滿教法，由《大圓滿象雄耳傳四部經》《大圓滿廣說三要經》《菩提心藏極密九》《大圓滿本性離戲經》四部分組成。

西元八世紀，藏王松贊干布將印度佛法引進吐蕃，對雍仲本教實施打壓排擠，忠實於雍仲本教的修行者，將本教的經典、法物等，以超能量方法藏匿在山中、水中、空中，並安排護法神守護。

一位名為雪頓額珠扎巴的本教修行者，在清明夢中見到一位護法神對他說：「你想修大圓滿，就去闊亭拉康，那裡有伏藏的十五個寶典，第一排寶典裡面有《佐欽扎巴格松》。」

雪頓額珠扎巴從夢中驚醒，立即前往護法神指定的拉康，果然找到龍界、人界、天界，三界大圓滿經文。經典內容有扎隆、幻輪拳法、徹確、托嘎等修法的要點。他取回經文，依照經文要求，祕密定隱山洞閉關三年，獨自一人實修，完全掌握了經文的要義之後，他給弟子傳授此法。

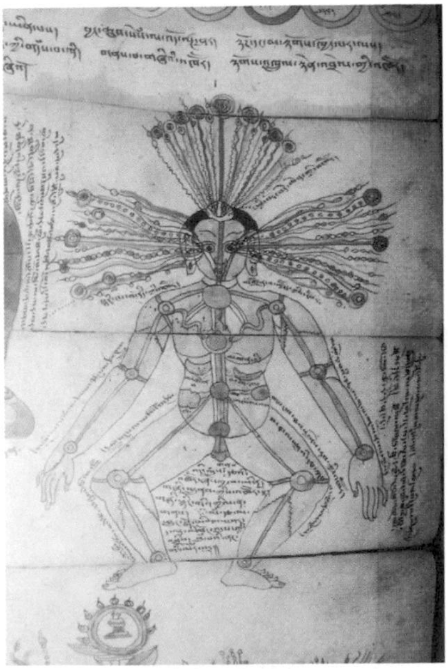

上圖：托嘎修法圖／丹巴雍仲堪布提供
下圖：《阿持》傳授上師：功德日出欽布尊者／丹巴雍仲堪布提供

《阿持》大圓滿教法，源於大圓滿的一個體系，以無生之空性藏文「阿」字為導引修持，屬於心意伏藏和經驗傳承，是美烏家族的世襲傳承。

西元一〇三八年這個家族的貢佐日卓欽波隱士，按照輾度讓波高僧傳授的《隱匿菩提心九類》和《九部心續解》經文進入山中閉關，按照教法逐一修煉，多年後，證悟了自性大圓滿，開始在西藏地區傳播。

一一三四年出生的克珠沃博美巴，按照貢佐日卓欽波大師的《阿持》修法，刻苦鑽研修煉，直至他真正掌握了大圓滿。之後，他把《阿持》的精華部分和他修法的經驗寫成《阿持八十段》。

一二四二年出生的智敦嘉瓦雍仲，把《阿持》編成《阿持十五段》。

一八五八年出生在四川省德格的大圓滿導師夏匝扎西堅參編寫《阿持十五座論述》，詳細闡述了大圓滿前行、正行的修持次第。

上圖：智敦嘉瓦雍仲編寫的《阿持十五段》。/ 丹巴旺傑攝
下圖：克珠沃博美巴編寫的《阿持八十段》。/ 丹巴旺傑攝

丹增南達仁波切接受了《象雄年居》《佐巴欽波》《阿持》三種大圓滿的灌頂與傳承，親身實踐了三種修法，並達到爐火純青。仁波切是三種大圓滿教法最嚴謹的傳承人，他以佛的智慧，菩薩的慈悲，言傳身教，他的每次開示，都能驅散修者心中的迷惑。

記得一個清晨，我們去拜見仁波切，溫暖的陽光透過小窗照在仁波切身上，散發出一片紅色光暈。仁波切笑著問我們喜歡吃尼泊爾飯嗎？晚上睡得如何？去斯瓦楊布了嗎？……同在的師兄阿龍，性格開朗，喜歡說笑，他搶先繪聲繪色地向仁波切訴說在斯瓦楊布山上遊客被猴子掏包的情景，仁波切被阿龍的肢體語言和妙語連珠般的敘述，逗得哈哈大笑。

大家的笑聲還在房中震蕩，仁波切笑著說：「這個星球上生活著眾多不同的生靈，只有人類清楚知道如何認知行為，作為人有兩個非常重要的責任，首先，每個人都知道生和死，不管你有無興趣，你都毫無選擇，它們必定會來臨，由因果業報決定出生，現在所發生的一切都是過去積累的果，我們無法改變它，當我們五官完備銳利，沒有遇到太多困難，暫時想做什麼都能進行時，應該努力為我們

上圖：夏匝扎西堅參編著的《阿持十五座論述》。/ 丹巴旺傑攝

下圖：每次離開寺廟時，仁波切都會親手打一個金剛結送予我們，祝福我們平安、吉祥、快樂。/ 二〇一三年攝

仁波切在達貝捨匝畫像背面寫藏文：阿、嗡、吽。/ 二〇一二年攝

死後的狀況做準備。許多人認為，死亡後靈魂或心便消失了，這種觀點是不正確的，我們做夢時，身體躺在床上，有時喜悅得讓你發笑，有時悲傷得讓你痛哭，這一切只是夢中的經歷，人死亡後，感受和活著時是一樣的，這種感受不依賴肉體。誰有經驗給我們指導死亡呢？只有佛能做到，佛也曾是像我們一樣的凡夫，後來祂悟到苦的根源，認識到苦是可以淨化的，雖然淨化需要很長時間，但只要去做，便可以淨化所有的染汙和業障，得到真正的大樂。」

聽到此，我心中一動，連忙拿出麗梅師姐送給我的達貝捨匝畫像請仁波切開光。仁波切從小桌上拿起一支油筆，認真地在畫像背面寫了阿、嗡、吽三個藏文字，又念誦了經文，把畫像遞到我手中，說：「修上師相應法時，要觀想達貝捨匝，達貝捨匝代表所有的佛、大成就者和空行母，修好上師相應法，你就會解脫。」

我雙手接過佛像，心裡暗下決心，一定認真修習。

丹巴雍仲堪布／二〇一九年攝

07 一切景象如同大海的倒影

丹巴雍仲堪布是仁波切培養諸多弟子中最優秀的一位，他以精湛的佛學見地，純澈的赤子之心，真誠待人，感染了無數人。

記得一次我向堪布請教有關修心和象雄歷史的問題，堪布笑笑，用溫和的語氣說：「打坐時，前一念頭會消失，新的念頭升起，就如一個屋子有八個門，裡面有一隻活躍的猴子，它有時打開這個門，有時打開另一個門，無論好的念頭和壞的念頭產生時，不要去管它，如天上的烏雲、白雲，都是遮擋太陽的雲，如跟隨念頭就會障礙自性顯現。

「任何念頭生起時，去觀照，自然安住在那裡，之後念頭就會融入到自性中，不做任何造作，不做任何添加……」

我睜大眼睛，仔細聽著，似懂非懂，堪布看我一臉懵鈍，笑著說：「當我們看到大海中反射的倒影或看到鏡中的影像時，顯像都十分清楚，如白色的花，紅色的花也分得很清楚，但進一步認識它們時，都是水或鏡子的表面，而沒有紅花或白花，在完全的無明中，你生起情緒，你創造了概念，你只看到影像，沒有看到它們的本質，自性就像大海，大海裡有各種倒影，如同自性當中的善惡，一切都存在，我們的感覺會去分辨，但它們的本質都是一樣的。

「心有它的本性，普通的心融入到空明之中，只剩下空明，沒有意識。不斷產生念頭的心，是被迷惑的心的狀態，比如說，我們普通的心就像電視上的畫面，而本性就像電視螢幕，圖像在螢幕上升起，它的本質不超出螢幕。普通的心會想、會看、會去品嘗，五官的各種感知都有，這都是我們的自性，都是覺知。

「你要一次次地去練習，一分鐘、兩分鐘、三分鐘，不斷地去熟悉，要用不同的方法去延長安住的時間，不斷地安住之後，你的意識就會消失到自性當中，不再升起，你覺悟了，成就涅槃。」

堪布說著站起身，走到書架前，從中抽出一本雜誌翻開：「這是仁波切寫的藏文種子字，這個是『日巴』是心性，這是『耶西』是覺性，這是『匝』是功德，這是『達瓦』是『見』……

「在密乘法教中，強調上師是唯一的依靠，除了他之外，沒有其他皈依處，在密乘中本尊為重，比本尊更重要的就是如法依靠上師，如果能做到，一生一世必然覺悟。」

堪布邊說邊給我們每人沖了一杯咖啡，分別遞在我們手中，「象雄歷史不那麼簡單，象雄地域寬廣，人們生活方式大部分是牧民，搭帳篷，夏季和冬季住的地方不一樣，那時的修行人主要在山洞裡修行，現在找他們的遺址很難，在瓊隆銀城找到象雄王遺址，看到的雖然是砂土，以信仰的心情去看，感受不一樣。象雄耳傳上師宣講大圓滿，用比喻方式，天空、開闊、大山、湖，沒有去過那裡的人，只會看書，感受不到真實的意義，只會看天空的空，其他的理解不了，如用信仰的心境思考經文中講的，去過那些修行的地方，會感受到此地曾發生的事。

「佛祖講八萬四千法門，最重要的找心，一定要注意自己修善，不能憤怒，不然就沒用。每天堅持修行，不斷檢查自己的善心是否進步，不要急於成就，我們造了很多業，不可能一下子消除。」

堪布說完，看著充滿迷茫的我，爽朗地笑起來，「慢慢來，不能急，不能急。」堪布講的這些話，在之後的日子裡對我幫助非常大。

右圖：丹增南達仁波切寫的藏文：「日巴」翻譯成中文是「心性」。
左上：丹增南達仁波切寫的藏文：「耶西」翻譯成中文是「覺性」。
左中：丹增南達仁波切寫的藏文：「匝」翻譯成中文是「功德」。
左下：丹增南達仁波切寫的藏文：「達瓦」翻譯成中文是「見」。

08 大圓滿見地——黑暗裡的一盞明燈

聞到佛法的人和動物，爭取解脫的過程圖。/ 丹巴雍仲堪布提供

禪學院長慈城丹增是在赤丹諾布澤寺培養的第一批格西，也是丹增南達仁波切的得力助手，我每次去寺廟，一定請慈城丹增院長解答我不休止的問題，院長那犀利的眼神如伽馬射線，似掃過我的若干世，他單刀直入字字珠璣，每每擊破我心中的迷障。

記得院長對我講：「每個生命都有心，只要有心就有心性的存在，心和心性是不可分離的。心指我們的思維，心性是見地，心性有三個特徵：空、明、空明不二，又稱自性。明是自生的智慧，是自覺，即自我覺知，明如太陽的光芒，既是空的，又具明亮，它是非物質的，非物質的空沒有邊界，所有一切包含於空中。

「我們的心性也是空、自明、空明分不開，空中有明，明中有空。心性是超出心、意識和感官範圍，同時能自明、自悟、自覺，自己能知道自己的存在，任何意識都不能認識它。心性原始就清淨，其自性不會因負面情緒，五毒惡業而改變，也不會被正思維等善行所改變。

「自性中一切具足，五毒存在裡面，十般若波羅蜜也存在其中，好的思維壞的思維一切存在其中，包含眾生和佛，它能生起萬物，原始清淨和任意運化，是自性的兩個特徵。

「要練習熟悉心性，練習覺知，當你了知自己的心性時，覺悟的品質就會產生，不斷地熟悉它，融入其中，業力就會變得越來越弱，漸漸消失，就到了成佛的境界。如不處於心性當中，被五毒和輪迴所迷惑，跟隨和採取負面行為，業力變得越來越強大，受輪迴之苦。

「大圓滿修行中不用拋棄五毒，既不拒絕也不接納。如突然生氣了，不要跟隨怒火走，也不要用什麼辦法去滅怒火，它不會長期存在，之後它就消失到自性中，憤怒化成自性的智慧。

「大圓滿的修行與見地分不開，修行就是安住在它的見地中，一切好的壞的，都任其自然，不跟隨任何想法，不創造思想，如在這樣的狀態中一分鐘，即是大圓滿修習一分鐘，兩分鐘就是大圓滿修習兩分鐘，試著在這個狀態下停留長時間，這就是大圓滿的修習，不必另外去修。

「在這個狀態當中時，身語意的一切行都是大圓滿的行，是無造作的，如離開了這個狀態，身語意的任何行都不是大圓滿的行，都是造作，我們要正確、完全地去理解大圓滿。當我們悟到自心的真正本質時，變得很穩定，總是覺知這個狀態，然後所有業力，各種情緒自然化解，因為你處在這一切的本質狀態中……」

院長還叮囑我，只聽聞合格的上師講述大圓滿還不行，要把聽聞和修習同時結合進行，才能深入理解大圓滿，如呼吸訓練、修煉本尊、持咒、還有一些藥物的運用等等……

慈城丹增院長講話聲音並不大，但每句話如銀盤落珠般吸引著我，讓我聽得入迷，腦海中跟著他說的內容呈現出一幅幅畫面，雖然心性、覺性、空、明，我還不能完全理解，但激發我升起掌握自己命運的信心。

每當我想起仁波切、堪布、院長講的那些話，都如黑暗裡的一盞燈，使我看到前行的方向，讓我充滿信心。

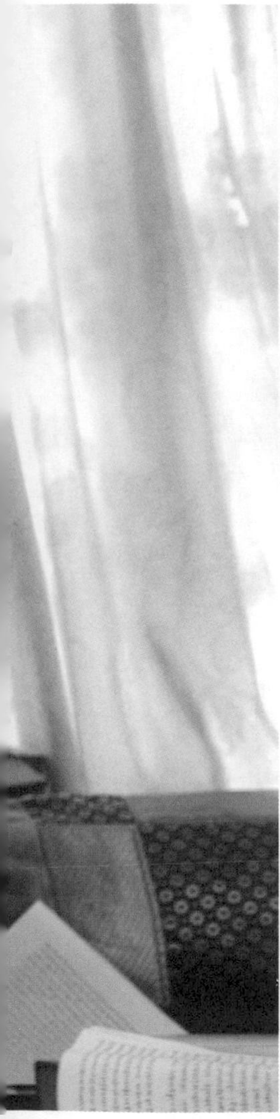

右圖：天女迎接大圓滿虹化成就者。/ 丹巴雍仲堪布提供
左圖：禪學院長慈城丹增給我們開示。/ 二〇一二年攝

第四章 法國大圓滿閉關三十五天

「我們有暇滿人身，有機會聽聞佛法，是非常難得的，如有時間不去積累善行，不去實修，就把這機會浪費了。」

09 傳播敦巴幸饒佛法的地方

辛丹傑林禪修中心入門處。/ 二〇一三年攝

為了真正理解和掌握《象雄年居》祕要，進一步得到丹增南達仁波切的指導，二〇一三年七月下旬，我跟隨王玲女士和她七十八歲的媽媽，參加了仁波切在法國舉辦為期三十五天的《象雄年居》、「母續」灌頂、《阿持》的閉關禪修，課程從始至終全依靠王玲女士的翻譯。

***

辛丹傑林禪修中心（意為：傳播敦巴幸饒佛法的地方）距巴黎二百多公里，占地面積約二公頃，這兒原是一個智障兒童的療治中心，因經營不善而關閉。

二〇〇四年仁波切買下這塊土地，園區有三棟白色的樓房和幾座法式古建築，望不到邊的綠色草坪上種植著一簇簇鮮花，古樹成蔭的小路彎彎曲曲伸向遠方，

上圖：禪修中心園區一角。/ 二〇一三年攝
下圖：綠色叢中的閉關房。/ 二〇一三年攝

密林深處一棟木質閉關房顯出格外靜謐。宿舍樓擁有如酒店般的標間，二張單人床，白色被褥，一個衣櫃，一張書桌，房內和樓道各個角落被參會的歐美學員，擦拭得異常乾淨，即使進衛生間也須脫下鞋子。禪修中心為了保障學員的身體健康，一日三餐都是可口的法式素食。

右上：清晨，仁波切帶領學員做煙供。/ 二〇一三年攝
右下：部分歐美學員自備帳篷住在園區綠樹叢中。/ 二〇一三年攝
左圖：閉關房前的達貝捨匝塑像。/ 二〇一三年攝

課中發給每位學員一張達貝捨匝畫像圖片。/ 二〇一三年攝

10 接受象雄耳傳——認識自性

七月的法國氣候宜人，天濛濛亮，隔窗可見一位歐洲小伙子在煙供爐前點火煨桑，縷縷帶有松油香味的青煙飄進樓內，身心倍覺清爽。

禪堂設在宿舍樓旁的一座古建築內，進門處木架上張貼著作息時間表。

六：三〇——七：〇〇 丹巴雍仲堪布帶領學員誦經

七：〇〇——八：〇〇 丹巴雍仲堪布帶領學員靜坐禪修

八：一五——九：〇〇 早餐

一一：〇〇——一二：〇〇 開示

一二：〇〇——一二：二〇 水供

一二：三〇——一三：三〇 午餐

一三：三〇——一五：〇〇 午休

一五：一〇——一七：〇〇 開示

一七：〇〇——一七：二〇　味供
一七：四五——一八：三〇　禪修
一八：三〇——一九：三〇　晚餐
二〇：〇〇——二一：〇〇　禪修
二一：〇〇——二一：三〇　無畏布施
二二：〇〇——熄燈

閉關第一天清晨，仁波切帶領全體學員在庭院煙爐前舉行火供，十點鐘仁波切進入禪堂，坐上法座，帶領大家念誦祈禱經文，預祝大家閉關修法圓滿。仁波切用嚴肅的口吻強調：「大部分人接受了上師相應法，已在修行，有幾點我還是要告訴大家，這個教法不是普通的知識，而是一個特殊的傳承，是與大圓滿法的一個鏈接，這個教法需要相續，觀想不能停，自己要堅持做，專注、虔誠兩點在大圓滿法中非常重要，長時間觀，能控制自己的心，快樂越來越多，五毒不會再追逐自己和別人去爭論，心平靜下來，為死後做準備……

「本教大圓滿法有四部分，每一部分都有各自的加行修法，是稀世珍寶，傳承是一種聆聽教法的許可，然後，我會從頭到尾盡我所能給你們解釋，我們這裡講的《象雄年居》也稱象雄耳傳前行。

「第一部分：人們都說大圓滿是最高的教法，是最殊勝，最高的乘，但這只是名聲而已。為什麼它是最高的法？為什麼它是最殊勝？它與其他法門有何不同？我們得解釋，而不是只說大圓滿是最高乘的法。

「第二部分：本章是關於往自心內觀，如果我們總是隨心所欲，它會衍生出許多不同分支、思想、感覺，永遠不會停止，你要專注往心內觀看你的念頭，它是什麼樣子？

「第三部分：尋找自心之後，你找到了它，能夠看到心的本性，這些在第三章裡有大量詳細介紹。

「第四部分：講述最終目標，心的本質是什麼？心的自性是怎樣？它是如何不會迷惑？它是怎樣清淨？

「象雄耳傳的前行，是淨化我們做好準備，去接受大圓滿教法，前行共有九章，分為三組。

第一組：第一章 上師相應法

第二章 無常

第三章 懺悔

第二組：第一章 發菩提心

第二章 皈依

第三章 供曼扎

第三組：第一章 誦咒語、淨化

第二章 覺法布施、無畏布施

第三章 祈禱

……」

仁波切清晰的話語通過麥克風送到我耳邊。我打開錄音設備，錄下王玲女士的隨聲翻譯，同時將內容快速記錄在筆記本上。

「五支坐，雙盤或自然盤坐，大拇指壓在無名指根處，男士左手在上，女士右手在上，肩膀平放，脊柱伸直，脖子稍微下勾，眼睛保持與鼻子水平線，不要太高，也不要太低，睜眼，嘴巴稍打開，舌尖放在牙齦處，保持正常呼吸，在稍高出你的鼻子水平上方，觀想達貝捨匝在一個彩虹光圈裡，他是完全明亮透明的光，具足一切知識和智慧……」

我和大家一起按照仁波切的講解，盤腿坐好。

「眾生都有超越之根，沒有超越之道，所以凡夫在生死輪迴裡流轉。

「念誦千遍萬遍不如去觀想去修，不論修行多少年，重要的是行，要聞思修，去觀想。觀念頭，誰在看，念頭怎麼出來，看自己的思維，否則教法沒有跟自己鏈接。當觀察念頭時，觀誰製造了念頭，重要的當下要很清晰，不要對念頭進行解釋，當回觀念頭時，無語言說的狀況，沒有任何主體和客體，沒有誰在看念頭，也沒有誰製造念頭，保持清晰，這是真正的觀修。

「空、明、清晰是自然基的本質，三者合一同時出現，不要試圖分析，這是大圓滿的唯一方式，當你看到沒有我時，就是清晰，微細的感官有五十一種，仔細檢查自己的感受。

「去看念頭，三種意識會在自然空中整合在一起，一是覺識會融入自然意識，另一種成為細的情緒，再一種是智慧。

「所有行為思想符合佛的教法，才能是一個真正的修行者，否則是自我展現，如閱兵：向左轉、向右轉，沒有任何意義。

「觀修有四、五種姿勢，獅子姿勢、大象姿勢，你可以選其中一種姿勢，向上看、向下看、向左看、向右看，不要想各種東西，念頭出來等它消失，這時你看天空。看到各種視覺東西，你不要判斷，穩定潔淨的覺知，見境不能執著或狂喜，要猶如死屍，不然你天天看燈光、看月光、看日光，能看出什麼結果？

「如想知道進展到哪個階段，先是單色、壇城，說明你的禪修是穩定的，五燈是清晰的，看到有顏色……

「高級修行者在覺知狀態下，不分主客體，是自性，他們與中陰沒有區別。法報化三身顯現，他們有視覺也不會去看，只是安住，在這個狀態下，自性的光明從自性出來，自己的自性只有自己能看到，高級修行者可以看到佛、本尊、壇城，他們也是逐步積累的，堅定的修行者才能看到，三心二意的不會看到。

「三個大圓滿也不同，《年居》這個教法是直接見佛性，只有自己找到自己，比較難教，不要期望今天證得什麼。

「佛在每個眾生身上，佛性在心脈中，修煉徹確、托嘎可覺知。通過七條脈，頭、眼睛看到明光的光，在有生之年，通過眼球自然連接看到那個空間，呈現的是自我覺知和法。

「中陰解脫只有一次機會，你只有從現在做練習，熟悉自性狀態，通過夢，知道在夢中練習，否則沒有辦法掌握住中陰解脫。不能光說自己很忙沒時間修法，自己躺在墓地裡，各種名譽錢財有什麼意義？人都會為子孫掙錢積累，你閉眼了他們根本不會餓死，有人說人死如燈滅，在夢中你知道各種滋味，為自己著想，這是我對你們的請求……」

仁波切每天上午給我們傳法，下午丹巴雍仲堪布根據上午仁波切傳法內容，給我們做進一步詳細解釋，幫助大家準確掌握教法。

「仁波切讓我們用上師相應與我們自身去連接，上師相應是我們本身內在的連接，要瞭解我們的自性，讓它去釋放，當我們說禪坐是釋放，這是錯誤的。

「《象雄年居》有外密、內密、極密，每個人根基不同，密法也有講究，在內密六燈中包括三部分，一皈依；二解釋；三總結。

「自性：純正、完美。所有生命的自性都具足，無論是涅槃、死亡，自性都是具足的，自性不會被玷汙，不增不減，通過觀想達貝捨匝，回到我們的自性狀態，當我們有疑惑時，觀想也會出現障礙，皈依是調動我們內在與普賢王如來一樣的自性。

「大圓滿要不斷修加行等積累，才能逐步實現，不同的修法自身都是完美的，如一個人對自然狀態有信心，安住在自性狀態，菩提心會自然升起，菩提心在自然中，十般若品質也在這自然中，這種顯現在自然狀態下它是任運的，眾生因心識偏離自然無明出現。觀心時，你會發現沒有實質的心，它無始就在那，永遠沒變過。在法性中陰，可體會到聲光線持續，如跟隨就是無明，這無明會障礙我們的意識。

「最關鍵的是看到自我覺性，內心和覺性是截然不同的，內心是指我們現在充滿妄念與思惟的心，當內心完全消散的當下，才是覺性本貌，覺性本身已圓滿，包括佛一切浩瀚無邊功德，所以稱為大圓滿。認識自性有三個基礎：第一是自然基礎，第二是覺知，第三是心性。只有認識自性的源頭，我們才會解脫……」

仁波切用了二十天時間，給我們傳授九節佛風；傳上師相應法；講大圓滿的基、道、果；講顯宗的十善六般若和密宗的十般若；講什麼是自然狀態；什麼是自然智慧；告訴我們怎樣回觀念頭；顯宗、密宗和大圓滿的不同見地；年居的五燈；年居內密的六燈；徹確和托嘎的重要性；以及達貝捨匝給弟子朗西羅波的指導……

那是我第一次聽到清晰完整版的《象雄年居》內容，我因沒有接受過觀自性、徹確和托嘎訓練，對仁波切講的內容完全聽不懂，但仁波切既嚴肅又幽默的傳授，如超強射線，把我牢牢攝住在年居教法中。仁波切講的每句話都深深地輸入我的阿賴耶識，堅信會有成熟的那一瞬間。課後，我根據錄音整理出五萬多字的筆記，這些文字成為我認識自然智慧的工具。

每到傍晚，太陽即將落山時，個別學員以大象臥姿趴在草坪上觀看日落，練習托嘎，夕陽的餘暉灑在他們堅定的身上，如同一幅生動的油畫。大多數學員拿著坐墊跟隨僧人來到樹林中的草坪上，按照仁波切教授的方法觀天空，訓練心的穩定。

我選擇舒服坐勢，全身放鬆，集中精力，做九節佛風後，眼望天空，棉絮般的白雲在湛藍的天空上慢慢移動，很快眼睛酸酸的，不停地眨眼睛，眼神跟著一朵一朵的白雲飄移，眼神就是定不住，扭頭看看其他人，都在認真地仰望天空，我十分焦急。堪布講的話在我耳邊一遍一遍響起：不能眨眼，眼球不要動，感覺在盯，封住丹田，輕微呼吸，不抓取任何東西，心不跟念頭走，盡量時間長一點兒，再長一點兒……但心還是定不下來，我試用丹巴雍仲堪布傳授的另一種方法：眼睛望天空，輕微呼吸，從左右二脈吸進氣，以光的形式往上走到頂輪，屏住呼吸，憋不住時再呼出，心念消散在空中，融在那個狀態裡，不起任何念頭，放空。幾天後，我似乎找到一點兒止觀的感覺。

上圖：仁波切傳授《象雄年居》。/ 二〇一三年攝
下圖：九節佛風可去除病痛，煩惱，慾望，幫助修者入靜。/ 丹巴旺傑提供

11 母續灌頂——心中激起祈盼的波瀾

母續「瑪居」的本尊——瑪居松瓊塔圖嘉布，明妃雍千結瑪傲措。/ 丹巴雍仲堪布提供

閉關第三週舉行母續「瑪居」灌頂。我們每人得到一張瑪居圖片和一張瑪居祈禱文。

***

仁波切那語重心長的開示，至今還時常迴蕩在我的耳畔。「所有眾生都希望成佛，有的人不斷修行，聽聞佛法，餓鬼道充滿飢渴，沒有時間去想，旁生道愚痴，沒有辦法聽聞佛法，阿修羅道充滿戰爭，沒有時間去修行，天道不進取，死前七天才知曉要離開天道，但已經來不及了。所有眾生困苦是一樣的，感受是一樣的，輪迴中，眾生造的業太多了，我們有暇滿人身，有機會聽聞佛法，是非常難得的，如有時間不去積累善行，不去實修，就把這機會浪費了。

「這次是密法，是個偉大的法，如王一樣法力非凡，會幫助你修行，教法內容很深，不容易理解。第一皈依，第二發菩提心，要有出離心，而不是看別人在做什麼，這樣的人不能參加灌頂，第三本尊就是你的上師……」

丹巴雍仲堪布用下午兩個小時給我們講解瑪居。「密宗經典分父續和母續，密宗裡上師代表父親，強調方便，壇城代表母親強調智慧，方便和智慧像父親和母親一樣不能分開，缺一不可。瑪居屬母續，本教中的母續和大圓滿有直接聯繫，具有生起次第、圓滿次第、徹確和托嘎的要點，上師、本尊、空性在母續中達到合一，歷代依靠本尊獲得佛果者無數。

「母續有上、中、下三種根器的修法，上根器依靠集、道、基三種指示修行，中根器依靠十八種引導修行，下根器需要四十五個明點的引導修行。丹增南達仁波切從辛氏家族得到這個傳承，並實修，從中獲得直接體驗。灌頂時首先要有出離心，虔誠祈禱瑪居，觀想瑪居形象，要觀得清清楚楚，了了分明，如理如法修本尊儀軌，你和本尊沒有區別，負能量轉化成智慧，才能成就本尊……」

「瑪居」灌頂當天清晨六點三十分，全體學員進入禪堂，聽丹巴雍仲堪布帶領六位僧人念誦瑪居經文（經文很多，連續念了二天）。上午九點，仁波切走進禪堂，帶領僧人念誦瑪居灌頂經文，之後，仁波切給我們傳授瑪居戒律，要求接受這個密法必須遵守一百八十條戒律，並且要求道友和諧，遵守誓言。

緊接著，大家跟著丹巴雍仲堪布來到院落中，每人得到一個糌粑小麵團，放在手中搓揉，用它擦揉自己身體不舒服的部位，觀想把所有障礙、煩惱、病痛、負面情緒，全部黏進小麵團，再用手握緊小麵團，將五個手指紋印在小麵團上（男右手女左手），扔進地上事前備好的鋁盆裡，再雙手接堪布端的寶瓶流出的甘露水，喝下，把手上餘留的甘露水拍在自己臉上及頭頂，清理身心。

不一會兒，禪堂內嗩吶和鑼鼓響起，仁波切頭戴法帽坐在法座上，一塊長條白布懸掛在禪堂前，遮擋了我們的視線，堪布帶領五位僧人大聲誦經，負責供神的瑜伽士左手高舉裝有蛋糕、酒水的銅盤，右手拿一把小銅勺，緩步走出禪堂門外，把盤中的蛋糕、酒水拋向天空，供給四大洲的土地神和天龍八部。瑜伽士第二次重複動作走出門外，把蛋糕、酒水拋向天空，供給本地區的土地神和龍神。瑜伽士第三次端著裝有蛋糕、酒水的銅盤走出門外，將供品拋灑在地上，布施給野鬼冤魂。另一位瑜伽士手提熏香爐在房內行走，用濃煙清理環境；忽然，法樂陡然奏出歡快喜慶的曲調，據說這時空中四位天女打開壇城門，本尊及眷屬降臨在禪堂的壇城上。

緊跟著仁波切帶領我們念誦瑪居祈禱文：

……

唻！祕密，大密，極密之聖尊，壇城內修祕密之曼扎，
無始以來纏繞之惡魔，
我以了達自覺自性之怒尊，
……

仁波切帶領我們念誦皈依經：

我於聖尊諸眾前皈依，
祕密壇城尊聖諸佛我皈依，
……

仁波切帶領我們念誦發菩提心經：

所有三界眾有情，
曾為我之父母故，
無不與我有關聯，
直至獲得圓滿身。

仁波切每念一句，我們跟隨念一句，那低沈、悠揚、真切的誦經聲，道出在場每個人的虔誠誓言。

歡快的鑼鼓嗩吶聲再次響起，僧人拉開白布，讓大家用哈達蒙上眼睛，一位師兄端著畫有壇城圖案的木板走到我們面前，讓往木板上投念珠，確定各自的本尊。一位瑜伽士手提熏煙爐給每個人清障，這次熏煙與其他熏煙味道不同，香甜中略有清涼，吸進鼻後，頭腦清爽，心情愉悅；另一位瑜伽士給每個人送上含有酒和冰糖味的甘露水。

仁波切再次宣讀誓言，舉行灌頂，宣告每個人的祕密名字。仁波切特別強調：發心和皈依是保護自己，虔誠、努力、刻苦修上師相應，安住穩定後，大圓滿就可以開花，不用刻意去做，心清淨就是淨土，不用去外面找，念經只是記住它，還要實修。

丹巴雍仲堪布帶領我們念誦耶西瓦母催請文，我們跟隨一次比一次激烈的密集鼓點，大聲念誦著，心中激起祈盼的波瀾。

瑪度森桑吉卦炯透莫且，

瑪喬斯畢嘉母央吉雲，
格朵唐納南魁色當堅，
格臘瑪夏綴貝特哇索，
夏宇南嘉繞哲闍碩嬌，
勇備才溫幸極才韶尚，
耶西瓦母闊當傑巴臘，
堆澤彌賽堅措德布吉，
雍仲本教旦巴寧博頌，
哲幸達格教偉誠里佐，
達甲宏洛闊當吉巴益，
穆騰淨檔瓦切坦堅南，
誇龍央斯坦堅息瓦佐。

中文翻譯：

三世佛依護法大力母，至尊世間聖母法界母，
青衣具有虛空莊嚴相，身披精美孔雀花翎衣，
右手天鐵利劍誅怨敵，左握壽瓶延續幸波壽，
於彼本智怒母眷屬前，獻此無量甘露莊嚴供，
祈請護佑雍仲本教法，祈請施行我等所托業，
我輩師徒以及眷屬之，一切違緣障礙業障等，

丹巴雍仲堪布給學員們灑甘露水除障。/ 二〇一三年攝

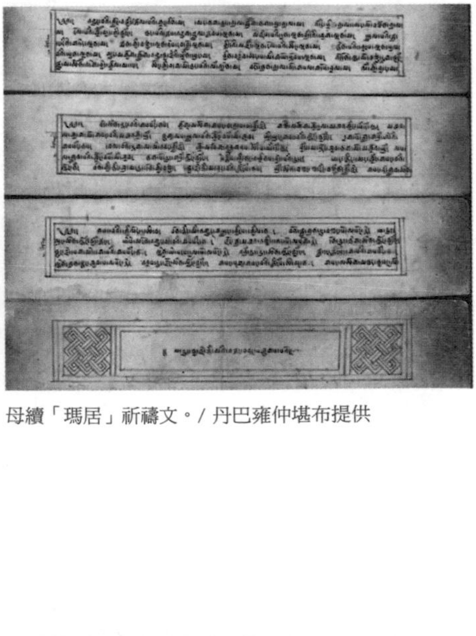

母續「瑪居」祈禱文。/ 丹巴雍仲堪布提供

願於虛空法界皆熄滅。

灌頂法會一直延續到下午五點。仁波切走下法座，微笑著揮手向大家致意，緩緩走出禪堂，那陽光般的笑容，深深照進我的內心，仁波切是敦巴幸饒佛之後的偉大導師，能得到他的開示和灌頂，是

上圖：除障用的替身。/ 二〇一三年攝
中圖：母續灌頂供台。/ 二〇一三年攝
下圖：蒙上眼睛在瑪居壇城上投念珠，確定自己的方位佛。/ 二〇一三年攝

上圖：準備迎請母續本尊喜降壇城。/ 二〇一三年攝
下圖：大圓滿護法：耶西瓦母。/ 丹巴雍仲堪布提供

上圖：仁波切給學員授母續灌頂。/ 二〇一三年攝
下圖：母續灌頂法會圓滿結束。/ 二〇一三年攝

多麼幸運，望著仁波切稍帶疲憊的背影，感激的眼淚不由自主流下來。

晚上，按照仁波切的叮囑，我把紅布條用針線縫在衣服左肩上（男右肩），將細細柔軟的吉祥草輕輕放在枕下，躺下閉上眼睛，觀想獅子、大象、馬、龍、鵬五種動物抬著蓮花床（五種動物代表五毒），自己變成母續本尊躺在蓮花床上，進入夢鄉，祈禱本尊給自己托夢。

12 接受《阿持》傳承

發給每位學員一張藏文「阿」卡片。/ 二〇一三年攝

《象雄年居》學習班圓滿結束，我們馬上進入為期五天的《阿持》止觀訓練，學員們每人得到一張印有藏文「阿」字的彩色圖片。

仁波切首先提醒大家：「來這裡的主要目的是提升自我。人不僅考慮外部名譽，還要考慮未來，所有人都深陷在苦難中，如同病人，不想和病魔在一起，要瞭解怎樣形成的痛苦，當捲入痛苦想解脫時，這個痛苦不易離開，只有用出離心去找法藥，才真實有效，找解藥的方法，首先找合格上師，書本不會告訴我們對錯，需要自己判斷，上師結合教法幫自己走上正確的路，我們這兒沒有合格的上師，上師是白光佛、達貝捨匝。

「無始以來的心如野馬，觀『阿』是讓意識穩定下來，這個方法可以控制自己的心，通過觀『阿』訓練，念頭出來不要跟它，再回到觀『阿』，長時間訓練心會穩定。眼、耳、鼻、舌、身、意、末那、阿賴耶八識，又分成五十一個意識，前五識是僕人，第六識是主人。

「我的方法是觀『阿』時，不想任何東西，保持一分鐘，不要跟隨念頭，非常清晰，一瞬間念頭出來，再看念頭從哪來？誰在看？

「你看時看不到來源，只有念頭，這就是你的自然，如鏡子能照到你的臉，你沒看見臉從哪來，鏡子和臉是一起的，分不出哪是鏡子哪是你的臉，念頭是自然的一部分，念頭是你自然的投射，你的本性的能量，儘管去看不同的鏡子，看到不同的臉，但都是你自性的投射。在水中看到你的臉，水和臉沒辦法分開，念頭和你也不能分開，水是你的自性，水是波浪、是平靜，都是你自己的。大圓滿認為這些都是自然，不用做作，盡量自己找，不要光看書，不要光聽我說……」

丹巴雍仲堪布每天下午給我們輔導。「《阿持》修法經歷了約四百多年的風雨，至今從未間斷，我們得到暇滿人身，要珍惜這難得的人身寶，精進修法，依靠自己的能力可以得到佛果。一切有情眾生都做過自己的父母：為了從輪迴痛苦大海中救渡他們，我們要急速得到佛的智慧，才能有能力幫助一切眾生得到佛果，首先要有清淨虔誠的信心，修持中生起不退轉……

「皈依是其他戒的根基，皈依分外、內、密、極密四種，外皈依佛法僧，內皈依上師、本尊、空行護法，密皈依氣、脈、明點，極密皈依本覺自明普賢王。

「觀『阿』，是讓你進入非概念非意識的狀態，擺脫念頭的糾纏能力，要密集焦點，只是專注『阿』，所有念頭停下來，回觀念頭，瞬時失去對『阿』的聚焦散去的狀態，這是非意識狀態，非抓取的空間，在這個空間待的時間越長越好。……」

我按照堪布的指導，把「阿」字卡片豎立在自己面前一肘高的位置，五支坐，眼睛如射箭一般凝視「阿」字，無思無念，目不轉睛地盯著。開始一分鐘還可以做到定焦沒有雜念，但很快各種雜念紛飛而至，心也跟著念頭到處飛舞，眼睛酸，鼻子癢，回觀念頭也定不住，我不斷鼓勵自己，耐心！耐心！堅持！堅持！這樣訓練二、三天之後，心慢慢穩定了。

閉關期間，僧人格西格勒給我們傳授「覺」，中文稱施身法，這是密宗的一種特殊修行方法。

本教《母續》記載，空行母噶桑瑪深夜孑然一人，在鬼魅出入的天葬台、屍陀林、大河險灘、凶地戰場等地盤腿靜坐，她左手搖鈴，右手持鼓，口吹脛骨號，發出心底最深處的愛與慈悲，大聲呼喚那些心中被怨結纏縛的野鬼冤魂、精靈鬼怪，同時將自己的內臟、血骨拿出來，上供養給佛、菩薩、本尊、護法，下施給野鬼冤魂、精靈鬼怪。面對那些猙獰痛苦的面容和淒厲哭嚎，及他們身上散發出的惡臭，空行母用深深的愛安撫著這些無助徬徨痛苦的生命。

學員在院落中練習禪定。/ 二〇一三年攝

「覺」法是通過斷除自身內心的分別念，保持平等心。

傍晚全體學員坐在草坪上，跟著喇嘛一起搖動手鼓和平鈴，練習「覺」法。我不會搖鼓也不會搖平鈴，更不懂「覺」法經文深刻的內涵，但是我相信這種修法可以幫助自己克服恐懼、融化怨障，根除自身的分別心。

三十五天的禪修閉關很快結束了，感覺身體明顯輕鬆，內心充滿愉悅，沒有了之前的期盼和焦慮，原來內心有了光明，周邊世界也變得更加明亮清新。

右圖：閉關課程安排得非常緊張，為了讓大家放鬆一下緊繃的心，每天上午、下午各安排一次茶歇。/ 二〇一三年攝

左圖：丹巴雍仲堪布和幫我翻譯的王玲女士。/ 二〇一三年攝

上圖：二〇一三年《象雄耳傳》禪修班
下圖：二〇一三年《阿持》學習班

2013 summer retreat on Zhang Zhung nyen gyü in Shenten Dargye Ling guided by Yongdzin Tenzin Namdak Rinpoche and Khenpo Tempa Yungdrung
Retraite d'été sur le Zhang Zhung nyen gyü à Shenten Dargye Ling guidée par Yongdzin Tenzin Namdak Rinpoché and Khenpo Tempa Yungdrung en 2013

2013 August retreat in Shenten Dargye Ling guided by Yongdzin Tenzin Namdak Rinpoche and Khenpo Tempa Yungdrung
Retraite d'août 2013 à Shenten Dargyé Ling guidée par Yongdzin Tenzin Namdak Rinpoché and Khenpo Tempa Yungdrung

第五章 走進古象雄腹地

象雄，是西藏高原最為神祕的一片土地和歷史，是吐蕃之前十八位最強悍的部落王雄霸的地方，曾創造了雪域高原最輝煌鼎盛的文明，堪稱「古代文明的十字驛站」，是藏族歷史、文化、宗教的根與魂，是古象雄佛法——雍仲本教的發祥地。

13 西藏高原最神祕的一片土地和歷史

古象雄第一代象雄王——赤威色吉恰茹王／阿咪羅羅提供

「象雄」是藏文譯音，我第一次聽到這個充滿詩意的名字時，腦海中產生很多遐想，特別是得到象雄耳傳佛法後，走進神祕的古象雄，尋找那神祕多彩的傳說，日夜纏繞著我沸騰的心。

***

象雄，是西藏高原最為神祕的一片土地和歷史，是吐蕃之前十八位最強悍的部落王雄霸的地方，象雄有五座城堡、六大宗、十八小宗、十八萬戶。它有自已的語言、文字、天文歷算、宗教信仰和強大的軍隊，曾創造了雪域高原最輝煌鼎盛的文明，堪稱「古代文明的十字驛站」，是藏族歷史、文化、宗教的根與魂，是古象雄佛法——雍仲本教的發祥地。

《本教源流》講述：象雄古時稱羌同、大羊同，地域橫跨中亞和西亞地區及古波斯，東至現在的西藏昌都、四川等地，西部與喀什米爾相連，北接青海西南地區，南抵印度和尼泊爾。古象雄分為上中下三個部分，上部以西藏岡底斯山和瑪旁雍措為中心，中部以西藏那曲尼瑪縣達爾果山和當惹雍措為中心，下部在西藏昌都丁青縣的孜珠寺以及四川西部地區和雲南西北地區。

有關歷史學家確認古象雄中心屬地，位於拉薩往西直線距離一千一百公里的西藏阿里。雖然我多次去朝拜西藏，荒涼神祕的阿里一直是我多年的期盼，那不是誰想去就可以輕易到達的地方。

或許是護法神的呼喚，二〇一八年九月中旬，我和公司總裁孫晧為《大鵬後裔》電影劇本去阿里采風，同行的還有攝影師佟欣昇。這將是一次祕境探索尋蹤，期待在世界屋脊的屋脊、眾神聚集的居所、宇宙的中心萬頃風光中，尋找那條永恆的生命線。

我們懷揣著對西藏大地的敬畏和衝動，啟程。

14 殊勝緣起——西行阿里，走進禪修者的故事中

有幸與古如江寺堪布措成平措在拉薩會面。/ 二〇一八年佟欣昇攝

這已經是我第七次到拉薩，近二十多年，這座古城已成為世界級繁榮大都市，寫字樓、商廈、酒店處處可見，寬敞的柏油路上各種名牌汽車川流不息，手握轉經筒的藏族人圍繞在寺廟、白塔行走，年輕的新郎新娘在街頭巷尾拍婚紗照，曬著他們的甜蜜幸福，無論是遊客、朝拜者、居民，臉上都掛著微笑，處處一派祥和。

我們到了拉薩，計劃首先去參拜亞慶李西達讓大師閉關的扎嘎西宗水晶洞，這也是我多年的祈盼。

電話聯繫亞慶李西達讓大師的第二十八代轉世李西新甲旦真活佛，詢問去扎嘎西宗的路，活佛告訴我：「路很難找，阿里古如江寺的堪布措成平措就在拉薩，我請他帶你們去。」我又電話給《本緣》雜誌主編阿咪羅羅，詢問去阿里象雄遺址的路線，「藏文化研究專家雄·嘎瑪堅贊老師，非常熟悉本教歷史和遺址，你聽聽他的建議。」

哇！天賜良機，我聽了李西活佛和阿米羅羅的電話，喜出望外，當天下午我們見到嘎瑪堅贊老師，他詳

細地給我們講解象雄遺址的路線，並帶我們參觀了藏文化收藏家則介老師的「象雄古董店」。措成平措堪布答應第二天帶我們去朝拜扎嘎西宗。

扎嘎西宗坐落在布達拉宮西側十幾公里外的一座群山上，多個尖聳的山峰如鎮妖寶塔般直入雲霄。山下大塊石頭上，雕刻著本教的八字真言和十三字真言，野菊花、格桑花在微風中輕輕地搖擺，好像在歡迎我們的到來。我們興沖沖走到離山根約二百公尺時，一條堅固的鐵絲網擋住了我們前進的步伐，突然，眼前出現一位胳膊上戴著寫有「護林員」紅袖章的中年男人，「封山啦，不能上去。」我望著眼前的山峰和看不到盡頭的鐵絲網，再看看護林員堅定的眼神，肯定沒有商量的餘地。

聽李西活佛說過：進山後兩個小時，翻過三個山頭，爬上掛在懸崖上三、四十公尺長的鐵鍊，就可以看見水晶洞，那是亞慶李西達讓大師閉關修法的地方。

亞慶李西達讓是位偉大的修行者和大翻譯師，在象雄王朝和吐蕃王朝歷史長河中，建有非常重要的功績。《智辯本教史》記載：亞慶李西達讓是象雄炎氏王的後裔達維利威所生，因修煉勝樂金剛變成男孩身，繼承王位，執政八十二年。

亞慶李西達讓在波斯傳授大圓滿，跟從巴本大師學習誅密咒，翻譯經典，多次赴大食，用飛鷹馱回顯密大圓滿經典，建立了三十七座寺院，培養諸多成就者。

西元八世紀，李西達讓將伏藏的雍仲天語的敦巴幸饒自傳《集經》譯成藏文，將象雄文的《甘珠爾》翻譯成藏文。《佐欽央則隆欽》記載了他親身實修三種大圓滿的經驗感悟，至今成為佛學院的必修課本。

本教史籍《日燈》《結彌傳》《央孜隆慶》《本續日燈》記載：藏王赤松德贊賜與黃金給瓊布達札東祖、亞慶李西達讓、帕雪札本、覺赤祖四人作為學費，供其去象雄求學。

在大食的俄莫隆仁，他們見到象雄的智者色邦敦、傑爾桑等九位大譯師和四位大賢者，獻上金粉重禮，請回本教精髓《祕咒總集要議續三扎巴》《大密部八十六》《三百支密》《六萬一千章》《觀自性三百六十》《二十八部大密經》《外續黑色橛》等經典。

四人將象雄文《十萬頌五大部》《內外廣集》經典翻譯成藏文，送到寧瑪派的桑耶寺，呈於赤松德贊藏王，藏王非常高興，將亞慶李西達讓等四位譯師認定為自己的上師……

我們四個人只能面對大山，向扎嘎西宗結供養手印，期盼機緣成熟時再來朝拜。

從扎嘎西宗駕車再往西開十幾公里的堆龍德慶直龍寺遺址，九百年前也是本教大道場。二〇一三年澤旺吉美活佛曾帶我們朝拜參觀這個遺址，它是本教三十七座古道場之一，其規模之震撼，至今不能忘懷。

古代本教稱堆龍德慶為「向」，是母舅之地的意思。一〇七六年出生在這個地區本教家庭的向敦·丹巴瓘希，從小跟著長輩學習寫字、誦經，後去了西藏本教耶茹溫薩卡大辯經場，在耶茹溫薩卡開創者南卡雍仲喇嘛面前剃度出家，學習本教密宗、大圓滿，並得到多位大成就者傳授的各種法門。

走向亞慶李西達讓大師閉關修煉聖地——扎嘎西宗。/ 二〇一八年佟欣昇攝

右圖：扎嘎西宗山下石頭上刻有本教八字真言。/ 二〇一八年攝
左圖：亞慶李西達讓大師的水晶閉關洞。/ 阿咪羅羅提供

亞慶李西達讓大師閉關修法的扎嘎西宗。/ 二〇一八年攝

亞慶李西達讓大師 / 李西新甲旦真活佛提供

右圖：《佐欽央則隆欽》亞慶李西達讓著 / 丹巴旺傑攝
左圖：直龍寺遺址上，可看見先賢們曾閉關的洞穴。/ 二〇一三年攝

二〇一三年澤旺吉美活佛帶我們朝拜參觀直龍寺遺址。

丹巴璀希在耶茹溫薩卡完成學業，一〇八八年回到家鄉，將直龍寺重建，改成出家人寺廟，親自傳授《阿持》大圓滿，據說當時有數千位僧人在此學習、閉關禪修。公元一七一八年，蒙古準噶爾部士兵對西藏諸多寺廟進行毀滅性破壞，使直龍寺付諸塵土。

數百年後的今天，透過遺址浮塵，會發現純真、虔誠、勇猛、堅定的信仰依舊尚存，地面上三三兩兩排列著鑿米盛水的石函，沒有因風雨日曬而風化，地下閉關洞穴中的橫木梁，至今沒有腐爛，殘牆斷壁依舊挺拔，整個遺址生機盎然，好似在隨時迎請歸來的主人，如此曠達、神奇、震撼的禪修場，把我拉進那禪修者的故事中。

直龍寺遺址中先賢們曾用於鑿米盛水的石函。/ 二〇一三年攝

15 傳說、聖湖與佛牙海螺

晚上住進家庭旅館。/ 二〇一八年攝

在拉薩休整了三天，我們準備了充足的高原供給——氧氣，空行母的孫子財寶請他的好友頓珠開車送我們去阿里。

早上七點我們從拉薩出發，沿三一八國道伴著滔滔的雅魯藏布江一直向西開，沿途雄偉的山巒隨時映入眼簾。我們按照嘎瑪堅贊老師的指點，第一站去拜訪日喀則地區的拉羅布寺、佩枯措和達貝捨匝大師修法的神山。

頓珠開車又快又穩，他二十八歲，中等身材，粗眉大眼，淳樸的笑容一直掛在臉上，他的家在日喀則，家鄉的風俗是一家的幾個兄弟在同一天娶一個女子做媳婦。他兄弟兩個，哥哥已有一個小孩，一個月前妻子也給他生了一個女兒，頓珠每天都要和妻子微信視頻，開心地看著心愛的妻子和寶貝女兒，他很知足很幸福，一路上我們邊說笑，邊欣賞高原風光。

***

第一天車子開了六百三十公里，晚上九點多鐘到日喀則的達坡絨鄉，我們隨意走進一個家庭旅館。

剛放下行李，一位七、八十歲的老人走進屋，用疑惑的眼神看著我們問頓珠，他倆說的是藏語，只看到老人點點頭，指著牆上懸掛的鏡框說著什麼。鏡框內裝裱著一張印刷畫，畫面是一個寺廟。頓珠告訴我們，這張畫是拉羅布寺，老人的名字叫巴金桑布，他的兒子圖多江措是位喇嘛，負責這個寺廟。啊！這麼巧！我們居然住進本教寺廟主任的家裡，這肯定是護法神的安排！心裡意外感嘆！

我拿出筆記本剛寫兩行字，頓覺一陣頭暈、心慌。這裡海拔四千八百公尺，不行，轉身躺在沙發上，擰開氧氣瓶閥門，吸氧。緊跟著孫總也覺得頭暈頭疼，他也立即臥倒吸氧，老人的女兒曲珍給我們送來奶茶和熱水。我睜眼醒來時，天已大亮。

頓珠幫曲珍抱來木柴，把爐子燒得冒出火苗，屋內暖暖的。我走出房間，空氣異常清新，稀疏的幾家房舍冒著炊煙，遠處的雪山在晨曦中泛著白光，好清靜的村莊。

吃過早餐，我們開車前往本教神湖之一的佩枯措。空曠的天地，不見人影，不見綠色，一路荒涼。我腦海中湧出藏族的一段小詩：

這裡的土地貧瘠荒蕪
通往這裡的路如攀天之高
只有最親的親人

美麗的佩枯措畔。/ 二〇一八年攝

女主人曲珍給我們燒火煮酥油茶、麵片。/ 二〇一八年攝

才會前來探望我們
只有仇敵
才會前來追殺……

車子開到吉隆縣和聶拉木縣交界處，突然，一道耀眼的紅光和一道璀璨的藍光呈現在視野中，頓珠興奮地說：這就是佩枯措。

我們立即停車，踏著紅根柳、紅葉草、鹽鹼砂土，欣喜地奔向綠紅藍的湖邊。湖邊空無一人，遼闊的湖面沒有一絲波紋，好像沈睡的仙女一般寂靜。幾隻黑頸鶴伸長脖子，站在水邊看著我們，遠處岸邊一隻悠閒碩大的黑犛牛一動不動，好像在曬太陽打盹，如此的美麗、和平與寧靜，宛若童話世界。

佩枯措海拔四千五百九十四公尺，三面環山，面積大約三百多平方公里，水源來自希夏邦馬雪山和佩枯崗日雪山，湖內養育著多種冷水魚。

當地人傳說，佩枯措是雍仲本教的聖湖，是大鵬金翅鳥靈氣所化，每年藏曆八月，月亮最圓的夜晚，湖面上飛來很多美麗的鳥兒，牠們在月光下，拍動著金色發光的翅膀飛翔，歡快地唱著清脆悅耳的歌聲。也有人說：佩枯措是本教空行母薈供的地方，每到特定的日子，穿孔雀翎羽衣裙的空行母們都會來此聚會。

望著藍絲緞般碧清的湖面，飄來野花綻開的芳香，天地間如此渾然和諧靜謐，我不由自主地雙手合十，閉上眼睛，祈盼空行

路上巧遇寺管會主任圖多江措。/ 二〇一八年攝

佩枯措岸邊的貝殼化石。/ 二〇一八年攝

母助我一臂之力，此次象雄之旅收穫滿滿……

因還要去拉羅布寺，不能在湖邊逗留，邊走邊觀察鹽鹼地上的各種小草野花，感嘆它們頑強的生命。突然，一個如同貝殼模樣的小石頭出現在我眼前，彎腰拾起拿到手中仔細端詳，圓潤的材質，清晰的紋理，是一個貝殼化石，從貝殼的厚度看，應該有上萬年時間甚至更早，啊！這裡原來真的是大海呀！記得有關的地理學家說：西藏地區是古特提斯海，在公元前一億年至五千萬年之間，古特提斯海完成最後一次消退，退到現在的地中海，西藏形成陸地。

我輕輕撫摸著靈動的小貝殼，它身上的紋理似乎還凸顯著它跳動的生命，它經歷了怎樣的風暴和淚水？抬頭看著遠山、近水，感嘆大自然如此巨大的變換能量。

前往阿里的第一站，就獲得聖湖賜與我時空珍貝，心裡隱約感到自己與這塊土地有著不尋常的親情，十分感動，與聖湖有些戀戀不捨。

車子沿著佩枯措岸邊向北開。突然車前迎面出現一個騎摩托的人，頓珠停車搖下車窗，禮貌地用藏語詢問去拉羅布寺的路，路人微笑地說著。只見他調轉摩托車，向他來時的方向慢慢開去；原來，他就是拉羅布寺的主任圖多江措。我們的車子跟隨他十分鐘後到了寺廟。

寺廟建在一座紅色石山上，四位喇嘛正在經堂內念經。佛龕內供奉著祖師敦巴幸饒、大白傘蓋佛母、瓦賽本尊等紙畫像，供桌上擺放著酥油燈、酥油花、多瑪等供品。經堂內三面牆上畫著壁畫，畫面顏色以紅、黃、綠、藍色為主，雖然畫面經歷了一千三百多年風雨，借助手電燈光依稀可見佛像的笑臉和優美的身姿，整幅畫面充滿生命活力和精美的畫風。寺廟規模不大，但歷史上曾經出現過十三位大圓滿成就者。

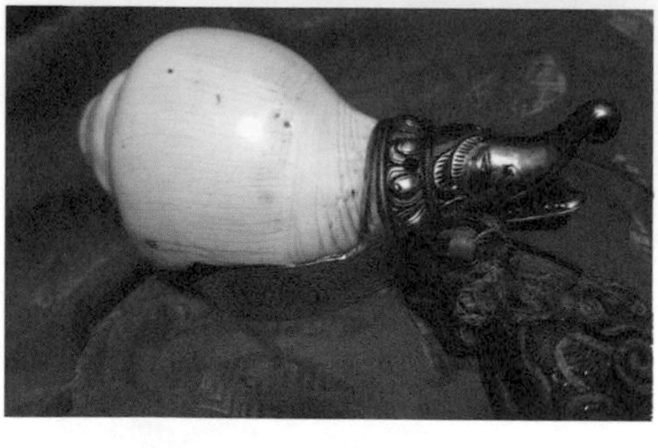

上圖：一千三百多年的壁畫。/ 二〇一八年攝
中圖：密供 ──多瑪 / 二〇一八年攝
下圖：雍仲本教祖師敦巴幸饒牙齒幻化成的海螺。/ 二〇一八年攝

布卷上記錄著海螺的來歷。/ 二〇一八年攝

誦經的僧人。/ 二〇一八年攝

寺管會主任圖多江措看我們從北京專程來到寺廟，很受感動，他說要用鎮寺之寶——敦巴幸饒佛牙齒變成的海螺給我們加持，保佑我們旅途平安。一位僧人從旁邊的房間裡雙手抱出一個小木箱，圖多江措小心翼翼地打開木箱，雙手捧出一個彩綢包裹，輕輕打開，一道白光閃出，啊！一隻海螺。海螺質地如古瓷般厚重，手工打造的紅銅象頭裝飾展示出它的悠久年代。

僧人又從小木箱內取出一個小畫軸，上面是手寫的藏文，字跡清秀有力，圖多江措告訴我們這些文字是介紹海螺的來歷，落款時間距今有九百多年。接著，他一個字一個字地念著給我們聽：

古象雄時期東畢燦東（海洛牙，藏語，即文中所指的海螺之意）供奉在古格王朝手中，圓潤淨相的海洛牙，是祖師幸饒彌沃的牙齒幻化而成，為有緣人的信仰而留下。潔白淨相的海洛牙代表敦巴幸饒佛身，佛的四顆橫尖牙化成四個小海洛牙，代表永恆不變的千佛，海洛牙的聲音代表佛語，每個牙峰上有報身佛心咒，海洛牙往右

如藍寶石般的佩枯措，讓人驚艷。/ 二〇一八年攝

旋轉。海洛牙的能量可解除三惡道眾生苦，有福報的眾生聽到海洛牙的聲音不會在三惡道重生。供養海洛牙五色布，會得到很高的知識，一生幸福安康，在海洛牙前發願，下一世會往生極樂淨土。

「海螺在寺廟供奉了數百年，六〇年代寺廟被破壞，海螺丟失了，一天清晨，一位瑜伽士在湖邊一塊大石頭上發現了這個海螺。村裡鄉親們說那個偷海螺的人，在家中打開包裹時，海螺飛出了他的房門，落在這塊石頭上。」主任說著，雙手拿起海螺在我們每個人頭上輕輕碰了三下，「佛祖保佑你們一生平安、幸福、健康。」

我雙手捧起這顆不同尋常的海螺，沈甸甸的，似乎有股力量蔓延到身上，寺廟歷史上那些大圓滿成就者一定吹過這個海螺，它一定給大圓滿成就者輸送了能量！主任似乎看出我的訴求，他雙手托起海螺，面向門外吹了起來，嗚~嗚~嗚~，渾厚的海螺聲飛向湛藍的天空，它好似戰場上的衝鋒號，把我帶進深深的沉思……

因當晚我們要趕到幾百公里外的薩嘎縣住宿，不知路況如何，不敢在寺廟久留，只能滿懷遺憾地匆匆離開。

拉羅布寺外景 / 二〇一八年佟欣昇攝

16 經典記載裡的——達貝捨匝及修行地

重重雪山上有達貝捨匝修法的聖地。/ 二〇一八年攝

圖多江措主任搭我們的車子順路回家，他告訴我：「左前方七、八十公里外的仲巴縣帕江鄉藍古路德宗山頂上，有一個像鹿頭的山洞，洞的名字叫扎夏瓦東，據說是大圓滿上師達貝捨匝修行地，是他給弟子朗西羅波傳法的地方。」我順著他手指的方向，看見遠處重重疊疊的大山，腦海中呈現出達貝捨匝身像。

本教經典記載：西元八世紀，大圓滿成就者達貝捨匝出生在象雄的一個普通人家，後遇到了象雄耳傳大圓滿第二十四代傳承上師——達瓦堅贊，使他徹底斷除一切俗事和安逸的生活，獨自修習，九年後，他獲得了虹身成就。之後，他又幻化成一個小男孩，扮成乞丐，尋找傳承人。

在象雄比日恩德地區，有個達龍岩石山，那裡住著一戶名叫雍仲蔣村的富貴家族。一天，他家門前來了一個小乞丐，雍仲蔣村見這個長得靈秀的小乞丐心生喜愛和憐憫，正巧他家需要一個傭人，雍仲蔣村收留了小乞丐，安排他放羊。每天清晨，小男孩把成群的牛羊趕到山裡草地上，讓牛羊自在地吃草、嬉鬧。很快，牛羊變得肥碩，雍仲蔣村見小男孩聰明勤快，就叫他「聶勒童子」。

雍仲蔣村的夫人見聶勒童子長相俊俏，心生愛慕，常常借機會以美色和淫詞撩撥童子，童子置之不理。有一次，她迫不及待地動手拽著童子，央求童子帶她遠走高飛。童子口氣堅定地說：「我無貪色，這絕不可行。」夫人再三拉扯央求：「只一次滿足慾望就行。」童子堅決地說：「我沒有貪色習氣，為了滿足妳的慾望而邪淫，是背叛主人，絕對辦不到。」夫人無奈，悻悻離去，她愛恨交織，決定把童子趕出府外，以除自己心中的嗔恨。雍仲蔣村喜歡童子不捨他離去，夫人就給童子施加壓力，不僅讓他放牛羊，還要他上山砍柴，以此來折磨童子。

一天，童子背著柴，從山上下來，路過一個叫達日東隆的山洞，見一位大師在洞裡禪坐。童子放下柴，給大師行大禮，輕聲吟道：「我心供普賢雲，世上珍寶全部供養眼前的尊者。」

禪坐的人是有權有勢大名鼎鼎的國師朗西羅波。國師想：我嚴守戒律，通達萬法性相，精通一切訣竅，神通廣大，無人可比，不會與砍柴夫搭話。但他觀察到砍柴童子的供養方式與普通人不同。便問：「你何門何派？」

童子：「萬法本來皆空，無門無派，有門有派是分別。」

國師：「你師父是誰？」

童子：「萬事萬物一切現象都是師父。」

國師聽到小童子這兩句話，心想：小小砍柴夫，口出狂言，如此無禮，大聲問到：「你說萬物為你師父，你一定是沒有師父，所以這樣說，你修何法？觀何本尊？」

童子：「一切顯現都是我的師父，如不依萬法為師，如何證悟法身普賢王？無分別無雜念是修行的對境。」

國師：「你一切現象融入為觀想，所以你沒觀想如來本尊，無雜念為修行，那是因為你為衣食而憂。」

童子：「我修無分別、無雜念，若不修它，無法成佛，一切事物為觀想本尊對境，萬事萬物融通法性，法性無邊無際，何有觀與不觀之分，偏袒極端則不是觀。」

國師很尷尬，改口問：「你的法友是誰？」

童子：「分別和煩惱為法友。」

國師：「你說分別和煩惱為法友，你的『定』何道？」

童子：「沒有貪念哪有無分別，沒有煩惱哪有解脫？沒有色法，那有空性？修道為一切萬物。」

國師：「你萬物融為定當中，你是不修得果之佛。你生於何家？有何行為？」

童子：「所顯融於觀想，如不這樣，還能證悟本性？本性勝意本無偏袒，若有偏袒，則不謂本性。本覺空性為我家族。」

國師：「你說證悟領悟為家產，你的意思是遠離貪念之人，有何行為？」

童子：「我以煩惱為家產，若無煩惱則無生活，一切成為幻化，利生弘法為舉止。」

國師：「利生弘法為舉止，是無苦樂之故。」

童子：「利益眾生為舉止，若一切視為虛幻，苦樂則為平等，平等就是舉止。」

朗西羅波國師越聽越覺得童子在映射和侮辱自己，嗔恨地說：「你的知識如此淵博，明早咱倆一起拜見李彌嘉國王，咱們在國王面前辯論，讓國王做證，你贏了，我拜你為師，你輸了，你要拜我為師。」

童子哈哈大笑，「爭辯贏輸是凡人行為，講解果來證悟，是愚蠢的，所謂的觀察和見證都是分別，

象雄耳傳第二十六代傳承上師朗西羅波／阿咪羅羅提供

辯論僅僅都是詞句，詞句是人編出來的，有何證據對與錯，就像黑暗裡辨認東西，凡人才會追問詞句和爭辯對錯，一切密法來源不是爭辯，而是自心，覺悟不是辯駁對與錯，而是證悟真理。能講解道理的人，不是真正的成就者，反觀自心才是真正的禪師，嘴上講見地只是詞句的見地，而不是正見。有智慧的人才知道爭辯沒有意義，不是真正的見修，非我們的本性。諸法本性，無生無滅，無增無減，無取無捨，本覺自性，無言無思，無觀無修；本來智慧，無障無蔽，無淨無垢；證悟佛性，無得無失，無因無緣；諸法正果，無取無捨，無得無果；萬法主人，自己心外，本無存在，何必爭辯？」

國師聽了童子這番話，猛醒，認出眼前的這位柴夫是應身佛，對其生起恭敬心，當即昏倒。當國師醒來時，看見那個童子坐在天空彩虹中在看著他。

國師法喜充滿，給童子行禮，恭敬地說：「我因無明，造了口業，誠懇請求你的訣竅，請你慈悲攝益我。」

這時，雍仲蔣村來拜訪朗西羅波國師，看到童子，問道：「你為什麼在這裡？牛羊呢？」國師急忙向主人解釋：「他是如來的化生，是利益眾生宏揚佛法的大智者，我們都造業了。」雍仲蔣村深信朗西羅波的話，立即磕頭誠心懺悔。童子說：「你們都是我所化對境，時機到了，我來度化你們，起來，接受訣竅，弘揚佛法，利益眾生吧！」

朗西羅波國師和雍仲蔣村誠心向童子求法，二人得到大圓滿四格言、四加行、四大訣竅等實修精髓，童子成為朗西羅波的上師。朗西羅波給上師供養金子，上師說：「我是岩石上的一隻小鳥，一會就飛走了，我不要你的金子，小鳥要金子沒有用，我看你有清淨心，你是合格的學生，我把法傳給你。」之後，上師給朗西羅波傳授象雄大圓滿耳傳訣竅，使其達到至高境界，告訴弟子：「我叫達貝捨匝，以後你若不念我，將難遇我，常念我能常見我。」話畢，達貝捨匝化為彩虹消失在空中。

朗西羅波立即在一個名「魯面」的山洞裡閉關苦修，三年後的一天，他在定中見空中達貝捨匝身體如玻璃般透明，莊嚴無比。後，他按照上師的指點把象雄耳傳法門用文字記錄下來，從此，西藏有了完整的大圓滿耳傳法本，朗西羅波成為大圓滿象雄耳傳的第二十六代傳承上師。

我耳邊響起丹增南達仁波切的話：達貝捨匝代表所有的佛、本尊；代表全部的傳承；代表二十五位成就者；也代表佛法僧三寶，他從沒有離開我們，他要幫助那些需要幫助的人……

我必須前去朝拜達貝捨匝修法的山洞，親身感受大圓滿成就者修法聖地的次元粒子震動，幫我打開原始的智慧。想到此，我周身熱血沸騰，額頭、手心、腳心直冒汗，真想一步邁進山洞。望著數十公里外的雪山，低頭看看手錶，指針指向下午二點，我正要開口跟司機說，圖多江措主任看出我的心思，不慌不忙地說：「山上沒有路，要翻三、四座高山，需要一天的時間，今天去不了。」我扭過頭看著主任，他肯定地向我點點頭，「下次吧。」我無可奈何遺憾地面向雪山雙手合十：下次一定專程來朝拜。

晚上同行攝影師佟欣昇高原缺氧反應嚴重，第二天清晨返回了拉薩。

頓珠向遠處牧羊人問路。/ 二〇一八年攝

17 虎泉、碧玉神湖、吉瑪雍仲翻譯場

薩嘎縣城是阿里旅遊的集散地，朝拜岡底斯山或去珠穆朗瑪峰大本營的人，都會選擇在這裡休整出發。

***

早餐後，我們沿著三一八國道繼續向西開，前往七十公里外的象雄成就者達拉尊者修行地，扎布榮欣鎮的瓦榮山。

雍仲本教密宗中有五大本尊，達拉尊者是其中之一。在《斯巴祭祀經》《西藏本教源流》中記述，達拉本尊是幸饒彌沃的忿怒身，是密宗之根本，能降妖除魔，護佑修者。本教的寺廟每年都要舉辦達拉本尊法會，寺院的壁畫、唐卡、塑像中都可以看見達拉本尊的身影，在村莊、山崖口都建有達拉白塔。

《本教源流弘揚明燈》《僧士根本續》

等經典記載，西元前二千年左右，象雄大食的公朗德若地區（今天的波斯一帶）一位名為雍嘉拉耶傑波勝天王與大食公主達薩海鐺瑪聯姻，生活幸福美滿。

他家有一個奴僕懶惰且笨拙，因常受主人打罵，心中充滿仇恨，天天發毒誓，死後轉世到主人家來報仇。一天，這位奴僕因生氣過激猝死。

不久，女主人懷孕，在生產的前一天夜晚，夢見一個相貌奇醜無比、凶惡至極的小男孩。第二天，生出的孩子竟與夢中的小孩一模一樣，女主人嚇得不敢再看孩子一眼，從此女主人臉上沒有了笑容。一天，仕女陪女主人在花園裡散步，女主人聽到一聲虎叫，那叫聲震得樹木顫抖。就在虎年、虎月、虎日，她生下一個全身長滿虎斑、通體發光的兒子，雙親給兒子取名為達拉美巴。達拉美巴是藏語，達——是猛虎，拉——是此岸與彼岸之間，美巴——火焰。

達拉美巴的哥哥性格暴躁，喜好血肉葷食，達拉美巴性情和藹，喜好素食，兄弟二人想法各異，水火不容。母親常因教育哥哥而遭哥哥毒打，父親怒斥哥哥不仁不義，被哥哥惱怒之下砍掉頭顱。之後哥哥逃進羅剎國，投奔了羅剎王，以食人肉、穿人皮為樂，當地人十分恐懼，稱他羅剎王。弟弟達拉美巴發誓給人們除害，一天大悲佛母出現在達拉美巴面前，「你在山洞裡天天修慈悲，能征服羅剎嗎？你要斬草除根，否則就會有更多的百姓受害。」佛母給他傳授降伏羅剎的咒語和密法。達拉美巴日夜不停地苦練密法，獲得非凡法力，用猛力的伏法和鋒利的金剛橛降服了羅剎王，使百姓重獲安寧。

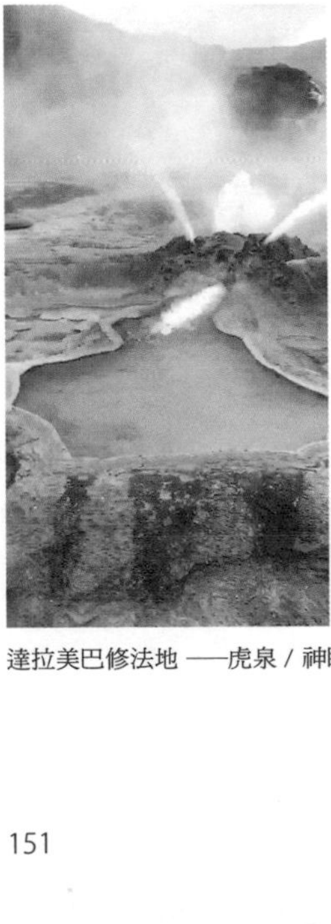
達拉美巴修法地 ——虎泉 / 神眼提供

達拉本尊 / 丹巴旺傑提供

達拉美巴又稱虎衣明王，後來本教歷史上出現一位名為達拉美巴修行者，前後兩位達拉美巴相隔幾千年。這樣一位修行得道者的修法聖地，我們怎能錯過。

中午我們在路邊小飯館簡單用餐後，頓珠按照餐館老闆的指點，車子在柏油路上開了二千多公尺後拐上一條土路。由於天氣乾旱，大片草原變成黃土高坡，車子開起來激起黃沙滾滾，我擔心走錯路，雙眼不停地巡視四周，尋找人影和標誌。一個多小時後，終於看見土路旁樹立著一塊寫著藏文的鐵皮牌子，頓珠興奮地說：「前面就是虎泉，方向對了。」車子順著砂土地上似有似無的車轍痕跡又開出兩個多小時，仍不見溫泉的影子。頓珠邊開車邊四處張望尋找人影，終於在很遠的地方出現一群羊，頓珠停下車跑向羊群，向牧羊人問路。

五、六分鐘後，頓珠氣喘吁吁地回到車上，邊啟動車邊說：「我們開過了，小孩說前方有個小橋左拐，看見 個發電場，再往前開，那邊的路被雨水衝垮了，很難走，前些日子在那兒野犛牛頂死了一個老太太。」

我們的車子掉頭，衝上一個土坡，向另一個方向開去，半個小時後看到了廢棄的發電廠，十幾間廠房空無一人，我們繼續向前開，繞過二、三個山坡，大大小小的石頭堵住了彎彎曲曲的小路，山體塌方了。頓珠下車向河對面的一個土房喊話，不見人回應，頓珠跑上前方一個小橋，繞到河對岸那房子前，房裡沒人。看看手錶已是四點鐘，如果步行進山，恐危險重重，原本三十公里的路程，整整開了四個小時，看來與達拉美巴虎泉的緣分還沒到，我們有些沮喪，只好原路返回到三一八國道，繼續向西開，晚上八點鐘，天色依舊很明亮，突然抬頭發現一輪大而圓的明月懸掛在天空，把天地照得明晃晃的，仔細一算，那天正好是農曆八月十五中秋節。

搖下車窗，空氣中漾動著細碎而濕潤的花香，遠處時隱時現的岡底斯山像掛在天上的白紗幔；突然兩隻健壯的藏野驢步履輕盈地跳上公路，出現在我們車前，牠倆不快不慢地陪伴在我們車子旁跑著，好像在迎接久盼的老朋友，親密而熱情。在車燈光的映襯下，牠們那身灰白色的皮毛和臀部扽扽的肌

上圖：「虎泉」指示牌 / 二〇一八年攝
下圖：岡仁波齊腳下的塔欽小鎮，隨著太陽升起，
厚厚的積雪，瞬間消失。/ 二〇一八年攝

肉顯得無比強壯、機警、英俊，胸腹間的白色毛皮分外漂亮、乾淨、耀眼。我真想下車去擁抱這份親情。

仰望天空，碎鑽般的滿天星星伸手可摘，柔軟清涼的月光照在臉上，也直射進我的心窩。我等待數年，終於與岡底斯山神團聚啦，這裡一定有過約定和諾言，這二頭野驢定是岡底斯山神派來迎接我們的護法，想著想著，心中激動不已，忽然心裡一沉，聽說月圓時盜獵分子最為猖狂，他們借著月色對動物下手，無數生命倒在他們的槍口下，心中為高原的動物十分擔憂，我搖下車窗，望著牠們矯捷的背影，心中默默祈禱，願牠們永遠康健，安然無恙。

晚上，我們住普蘭縣塔欽鎮的岡仁波齊賓館，賓館入門處一塊木牌上寫著：「客滿」。如不是孫總提前三天預定房間，我們一定露宿街頭。塔欽原是一個農村小鎮，隨著西藏文化的傳播，塔欽鎮已是世界喜愛西藏地理人文愛好者的嚮往之地，從而，塔欽鎮的人無論走到哪裡，都會受到尊敬。

普蘭縣與印度、尼泊爾接壤。這裡海拔四千九百公尺，空氣中的含氧量很低，我感覺胸部有些發悶，不敢外出瀏覽滿街燈火，迅速倒在床上，酣然睡去。

第二天清晨醒得很早，走出酒店大門，天上飄著雪花，四處一片白茫茫，地面上積了足有五公分厚的雪，空氣異常清新。我正在欣賞美景，從酒店裡走出兩位藏族老阿媽，其中一位笑著問我：「從哪裡來？」

「北京。」

「轉山時不要害怕，什麼也不要想，一直往前走，我們是昨天晚上下山的，她是我的好朋友七十四歲，我七十八歲。」

「啊！七十多歲，妳們沒有高原反應嗎？」我望著兩位心地醇厚熱情的阿媽問。

「只有一點點胸悶，沒關係，妳不要怕，什麼也不要怕。」

我驚呆了，環繞岡仁波齊一圈是五十六公里，七、八十歲的老人，竟有膽量來轉岡仁波齊！什麼力量支持她們不畏艱險來繞神山？家人沒有阻止嗎？雖然我相信藏族人的信仰不是隨意的，但他們那種堅韌和虔誠還是我們漢人無法理解的。

本想再和老阿媽聊幾句，孫總催促我上車去瑪旁雍措，只能揮手向兩位可敬的老阿媽告別。她倆對信仰的堅貞和樂觀豁達的性格及寬厚的笑容，一直刻在我心中，成為對自己的一種激勵。

路上，我搖下車窗，盡情地欣賞銀裝素裹的高山平原，吸吮著香甜的空氣。

瑪旁雍措是藏語，是碧玉神湖之意，湖水源於岡底斯山脈的冰雪，它最早名為「瑪垂措」，是雍仲本教廣財龍王的名字。也有藏族人認為，瑪旁雍措是勝樂天尊賜給人間的甘露，湖水可以清洗心中的煩惱，洗脫百世罪孽。印度教認為瑪旁雍措是濕婆神的住所，是濕婆神和祂妻子烏瑪女神沐浴的地方，聖湖的水能洗掉人心中的「五毒」，每年都有很多印度教徒來朝拜。

上圖：讓世人陶醉的瑪旁雍措。/ 二〇一八年攝
中圖：瑪旁雍措岸邊經幡翻動。/ 二〇一八年攝
下圖：藏族人將雕刻的種子字，供奉給瑪旁雍措。/ 二〇一八年攝

右圖：荒寂原野是藏羚羊、藏野驢的樂園。/
二〇一八年攝
左圖：雅魯藏布江源頭指示牌 / 二〇一八年攝

太陽高高躍起，突然前方中出現一片藍得沁人心脾的湖光，散發著母親般的溫暖，看著沒有一絲雜色充滿神祕的湖面，我驚呆了，我聽到了自己心臟的跳動，感受到大地的呼吸和浩瀚天宇廣博的包容，心底生出無比感動。我的眼神愣在靜謐的湖面上，耳畔響起丹增南達仁波切的聲音：「保持空明，回到你的自然狀態，這是大圓滿的唯一方式。」我目視湖面……

我們按照藏族人的風俗，給美麗無比的聖湖獻上潔白的哈達、龍王寶瓶、甘露水、龍藥，祝福湖神及其眷屬們身體安康、幸福昌盛。在聖湖旁掛上五顏六色的風馬旗，祈請風神幫助所有眾生誦經，保佑蒼生永遠平安幸福。

藏族人感恩自然，認為山水是神聖的，破壞和汙染水源，是對神聖山水的褻瀆。頓珠在管理員的允許下，用礦泉水瓶從湖中取出湖水，我們用這聖湖之水清手、洗臉、洗頭，同時也洗滌自己的靈魂。

我們按照嘎瑪老師的電話指點，順著二一九國道前往七十公里之外的吉瑪雍仲翻譯場。吉瑪雍仲藏語意思是排列成卍字形的沙石灘，位於雅魯藏布江源頭。本教史籍《都本》《俱捨》記載：在象雄與藏地交界地，有八十二個泉水源頭的吉瑪雍仲是雍仲本教著名的翻譯聖地。如今我們看到的很多典籍，就是在這裡翻譯完成的。

車子行駛約四十分鐘後，我們離開國道，順著地上的車轍進入乾枯的草原。雖說普蘭縣的水源植被相對好一些，但遼闊的草原不斷裸露出砂土地，稀疏的乾草在呼嘯的風中搖擺，一直綿延到遠方，不見一絲綠色。我正在為一望無垠的荒野嘆息，突然幾隻瘦小的藏羚羊站在乾草中，睜著又大又亮的眼睛，呆萌萌地用好奇的眼神望著我們，陽光灑在牠們黃色的皮毛上，泛出一片金光，好可愛的精靈，真想前去抱抱牠們。前方又出現三五成群的藏羚羊，屁股一翹一翹地在灑滿陽光的草叢中跳躍、玩耍，好一幅悠哉、自在的畫卷。這片大地像母親一樣，養育著極地珍貴的生靈，希望人類不要再為金錢掠奪資源，希望再聽不到盜獵者的槍聲，還給生靈們寧靜美麗的家園。

車子開到懸崖盡頭，溝壑對面是重重雪山，平靜的雅魯藏布江水由雪山後面緩緩繞來，水很清很亮，如同溫柔的少女，靜悄悄地流向遠方。

雪山後面是雅魯藏布江的源頭吉瑪雍仲冰川，一滴滴水，一個個泉眼，從山的斷裂層湧出，匯集成河，這裡是一切的開始。

腳下海拔四千七百六十公尺，山坡上風力超過六、七級，強勁有力的山風把我們吹得雙腳站不穩，溝壑遠處有一片白沙灘，那就是數千年前翻譯大師東炯圖欽、學者夏日烏欽等人，在此處將敦巴辛饒祖師的象雄文《十萬頌》翻譯成藏文，後又有很多本教學者匯集到這裡，將古象雄時期的諸多密宗和大圓滿經典，由象雄文翻譯為藏文。

生命如塵，歲月如歌，雖然翻譯場的房屋已被日月蕩然成腳下的白沙，但大師們的心血延續了本教數千年的生命和今天象雄文明帶給人們的無限利益。大腦的亢奮似乎讓我看到古聖賢們孜孜不倦地埋頭翻譯的場景，這是一幅多麼可歌可泣的立體畫卷，一首永讀不厭的詩歌。

右圖：雅魯藏布江源頭標誌碑 / 二〇一八年攝
左圖：我們在翻譯場掛經幡。/ 二〇一八年攝

白色沙灘曾是聖賢們的翻譯道場。/ 二〇一八年攝

翻譯大師東炯圖欽畫像 / 范久輝攝

我們在白沙灘翻譯場前掛起經幡，感恩諸聖賢們送給我們的無價法寶，法寶的光輝會使這個世界越來越好。

***

回程路上，我默默注視著阿里那最絕美的星空，所有的星星都堅定執著地向大地展示著自己的絢麗，那一束束耀眼的光芒，如流星般擊碎了我的思維，腦海一片空白。

當晚，我們入住海拔四千一百公尺的普蘭縣植物園酒店。那夜，我夢見吉瑪雍仲翻譯場開滿鮮花，沁誘的花香飄在空中，一隻白頭鳳鳥站在高高的枝頭，唱起美妙悅耳的歌聲……

18 拉昂措與岡仁波齊——最美的依戀

土林觀景台／二〇一八年攝

與瑪旁雍措僅一路之隔的拉昂措，就像神靈賜給雪域的一顆熠熠發光的藍寶石，微鹹的湖水在陽光的照射下呈現出墨綠、淡綠和深藍等不同顏色，宛若月亮般深邃而清涼。

＊＊＊

站在波光粼粼的拉昂措水邊，遙望傲然依伴它的岡仁波齊雪山，雪山與聖湖相互依戀，彩色經幡為藍天藍湖添加了幾抹明麗的色彩，耳畔經幡的嘩嘩聲，像是來自古老的呼喚，告訴我久遠人類之初的故事，心中又一次生起無限敬意和遐想，然而這不是夢。

我們駐足仰望海拔六千六百五十六公尺的岡仁波齊，它在陽光照耀下，如水晶砌成

壘個瑪尼堆向神山聖湖致敬。/ 二〇一八年攝

的金字塔，直插雲霄，千萬年不化的雪峰圓冠閃耀著奇異的光芒，四面如刀削的山峰硬朗而英挺，粗曠的美，寧靜的美都聚它於一身，有著無法用文字描述的氣勢，它微笑著俯覽大地蒼生，這是人神共居的地方。岡仁波齊的輝煌不是因它的奢華，是它觸動靈魂的莊嚴和純淨，觸動靈魂的無比敬畏和無比震撼，使人不知不覺忘掉塵世的一切。

那一刻，我的呼吸似乎靜止了，心變得無比空寂，淚水掛滿臉頰，雙手合十高過頭頂，彎下腰，用胸膛緊貼大地，向岡仁波齊頂禮。

雍仲本教宗教史講述，岡仁波齊是中國土生土長的雍仲本教佛法的發源地，曾誕生八千萬聖賢，本教稱它為「九重卍字山」，是象雄王朝的神魂山，是諸天神和大鵬鳥的住所，是俄摩隆仁的極樂淨土，有天神下凡和升天的天梯，至今還有三百六十位本教金剛神住在此山守候。本教祖師敦巴幸饒就出生在岡底斯山附近的俄莫隆仁，從一個神祕的「卍」符號開始，一路萌芽、生發，歷盡艱難頓悟成佛，將一腔熱血灑在這片土地上，他傳奇的一生，一直傳承至今。他宣講的文化傳統，早已滲透到藏族民眾生活的方方面面，成為藏族文化無法剝離的精神內涵，本教的所有驕傲、榮光和溫馨記憶，都來自這裡。

藏傳密宗認為，岡仁波齊是勝樂佛和金剛亥母的聖地，佛教徒認為此山是南瞻部洲的中心，是釋迦佛居住過的地方，周圍有五百羅漢侍守。印度教認為該山為濕婆的居所。耆那教認為神山是其祖師瑞斯

浩浩蕩蕩綿延不盡的土林。/ 二〇一八年攝

哈巴那剎得道之處。岡仁波齊是世界公認的神山，各教派都認定：圍岡仁波齊轉一圈可洗盡一生罪孽；轉上十圈，可在五百輪迴中免受地獄之苦；轉上百圈，便可以升天成佛。所以，一年四季轉山的信徒源源不斷。

那些來自印度、尼泊爾、不丹和巴基斯坦的信徒，步行要走半年甚至一年，有的要穿過無人區，有的要翻越喜馬拉雅山，更有信徒為了來此轉山變賣所有家產，看到神山聖湖喜極而泣，甚至會認為葬身於此也是幸運之事。蜿蜒的山路上，很多信徒用白樺樹劈成木板套在手上，身上裹著犛牛皮縫成的圍裙，雙手合十，目光如炬，三步一叩首，五體投地，身姿如躍出水面的魚，疾速穩健，以磕長頭的方式轉山朝拜，他們滿身泥土，銅色的臉上流淌

冰凌晶瑩的岡仁波齊。/ 二〇一八年攝

著汗水，好似一幅幅油畫。我一次次心中升起感動，見識到信仰的力量，他們用心用身，守護著內外的淨土。

岡仁波齊有千山之宗、萬水之源的美名，萬年積雪消融流向四個方向，孕育出四大河流，流向東方是馬泉河，向東流四十五公里過程中匯合許多小河流，河床變成四公里寬。流向南方的孔雀河經尼泊爾後是印度恆河，流向西方的象泉河稱為印度河，流向北方的獅泉河流經喀什米爾後是印度河。

我真想穿越時空隧道，目睹象雄文明的勃勃生機、毀滅與浴火重生，以及在這裡修煉的高僧圓寂時肉身化成的彩虹，找回藏匿在岡底斯山裡的本教佛經聖物。

我們的車子圍著岡仁波齊繞了一圈約三百多公里，就進入札達縣，途經象泉河谷海拔四千公尺世界獨一無二的「土林」自然風貌，目睹地球用數萬年時間完成的巨作。

土林地貌在地質學上稱第四系河湖相，科學家考證百萬年前，札達一帶是一個方圓五百平方公里的汪洋大海，數萬年的滄桑，喜馬拉雅造山運動使海底升高，水位遞減，海底的粘土、砂、礫石在乾燥氣候環境中，長期的風雕蝕刻打造出參差嵯峨、千溝萬壑的雅丹地貌。

站在土林觀景台上，夕陽賦予給土林生命靈光，綿延到天際的土林彌散著神祕氣息，它是那麼迷人，博大，荒蕪、蒼涼，神祕、厚重、千姿百態，擬人、擬碉、似塔、似堡，似大海掀起的波瀾，又似奔騰的千軍萬馬，隨時吶喊著衝殺出來，隨著一股股山風，可聽到呼~嘩~的悶響，如此至真至美，我不停地發出內心的驚嘆！猜想雍仲本教法難時，山谷中一定有瑜伽師在這兒避難修法，一定藏匿著古象雄的珍寶，目前還有人在裡面修密法嗎？……

土林分布總的面積約二千四百六十四平方公里，晚上，我們入住土林叢中的先施賓館。

第六章

昔日王朝的前世今生

無常是自然規律，諸法因緣生，諸法因緣滅，世間輪轉，不論接受還是不接受，它都會如期而至。

19 霸主的宮殿——古格王朝城堡

清晨，天蒙蒙亮，我們驅車前往達札縣城以西十九公里的扎布讓區托林鎮的古格王朝城堡。

西元九世紀四〇年代，吐蕃王朝最後一位贊普朗達瑪遇刺身亡，二百多年的吐蕃王朝崩散，吐蕃領主們各霸一方，自立為王，建立地方政權。朗達瑪的重孫吉德尼瑪袞率親眷在阿里修建了自己的古格宮殿。

古格王朝倡導佛教，抵御外侮，曾有七百多年燦爛的文明史，一六三〇年與古格同宗的拉達克人發動入侵，達拉克人將古格王室成員和士兵全部處以極刑，把被俘的古格子民，押到達拉克做奴役，一夕之間古格王朝被毀滅。

我們站在古堡對面的山坡上，四周地勢開闊，滿目荒山殘壁，清晨第一縷陽光穿過雲霧染紅山腰，殘頹的古堡呈現出恢弘氣勢，後修復的幾座佛殿突兀地聳立在巨大廢墟上，古堡下很多遊客支起三角架，長槍短炮，瞄準蒙著神祕面紗的古堡，搶先留下瞬間的驚艷，這裡已成為世界級景觀。

古堡高約三百多公尺，遺址總面積約為七十二萬平方公尺，整個建築群依山迭砌，經歷一千三百年的強烈風化，佛堂、房屋、窯洞、佛塔、碉堡、暗道、武器庫等建築物只剩下地基和殘牆；後建的白殿、紅殿、大威德殿、度母殿，還留有很多楚楚動人的壁畫。面對這古格藝術的精髓，心中再次升起對古堡的敬畏，和對自然生滅規律的敬畏。據說數千年前這裡曾是象雄地方霸主的宮殿。

看著山坡上被遊客踩出的一條條如水泥般堅硬的小路，低頭看看自己雙腳蒙上厚厚一層黃土，這裡的一磚一石和每粒浮塵都是生命，心中頓然升起一股罪惡感，好像雙腳在踐踏古人的藝術及弱小的生命，我佇立在原地，不敢再輕易移動腳步。

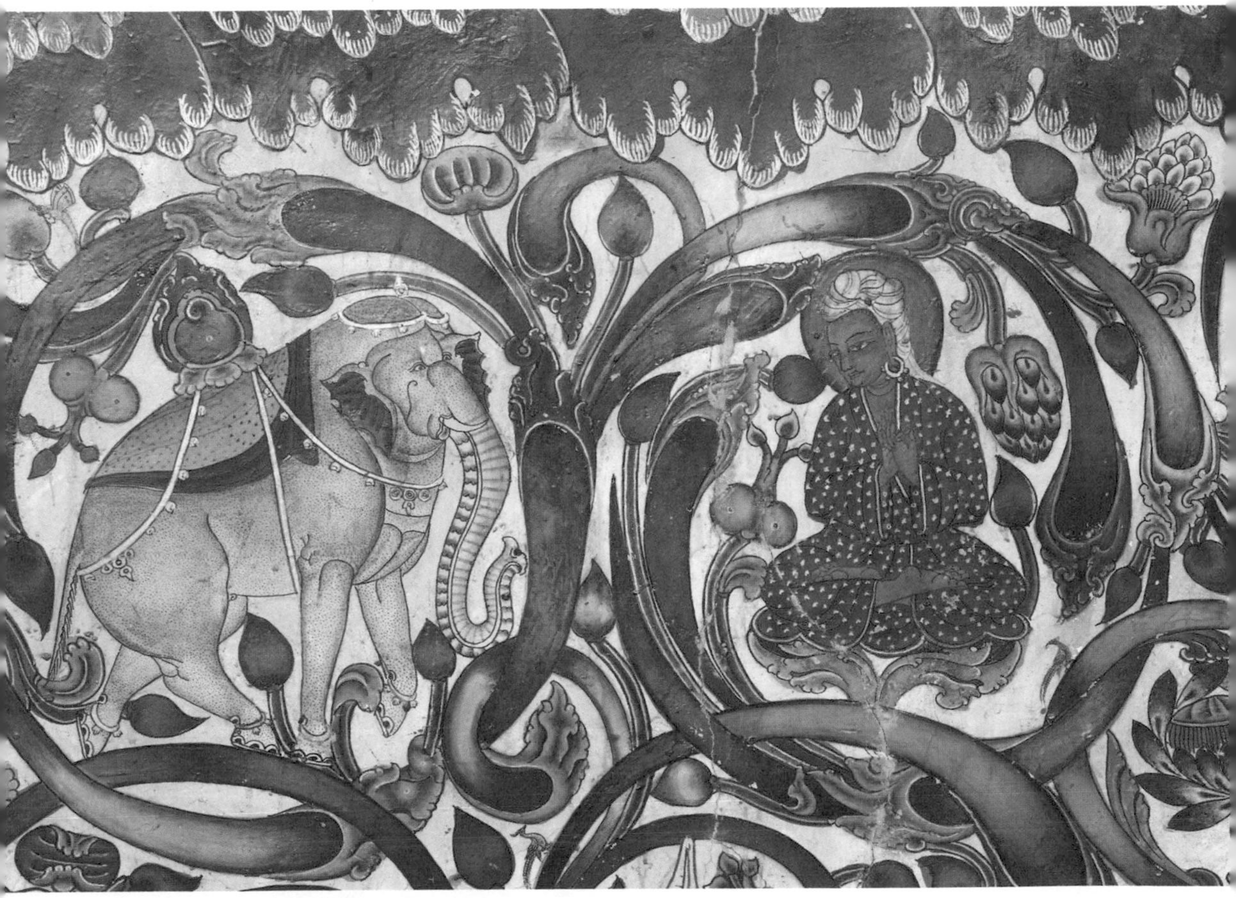

古格城堡上金科拉康裡的壁畫。/ 范久輝攝

20 阿里唯一的本教寺廟——古如江寺

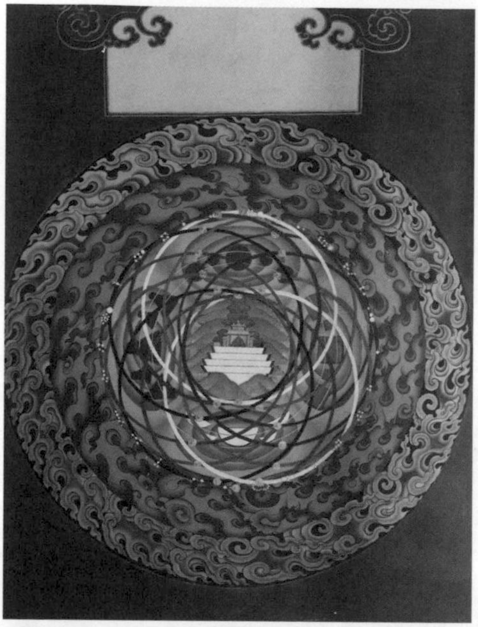

古如江寺牆壁上繪畫的「太陽系運行圖」。/ 二〇一八年攝

我們參觀古格王朝遺址後，立即驅車前往阿里地區唯一的一座本教寺廟古如江寺和著名的卡爾東遺址。這是一個乾旱的季節，一路滿目黃沙。

電話聯繫上古如江寺的僧人祖貝，按照他的指點我們設好導航，順利到達二百公里以外的噶爾縣門土區門色鄉古如江寺。祖貝已站在寺廟門口等候我們。二十一歲的祖貝，身材消瘦，眼神柔和，說一口標準的普通話，他給我們詳細介紹寺廟和遺址的往事今生。

古如江寺坐落在象泉河北岸瓊欽崩巴山下，長方形的院落內，聳立著一根五十多公尺高的經幡。

經堂右側山崖上是占巴南喀大師的修行洞和幾間閉關房，長長的經幡從山頂垂直拉到山腳下，經幡在風中嘩嘩作響，好似熱烈地歡迎我們的到來。

古如江寺大經堂／二〇一八年攝

祖貝輕輕推開經堂大門，首先進入眼簾的是一尊高大的占巴南喀大師石塑像，石像面部安詳、雙目微閉、髮髻高挽，雙手結禪定手印，安坐在石質蓮花座上，肩上的彩色堆繡披風給大師增添了幾分王者風範。我正仔細揣摩石像上斑駁的痕跡，「石像的頭是在五十公里以外的占巴南喀大師修行山上找到的，現在的身體是後配上去的。」聽了祖貝的話，勾起我對占巴南喀大師石像的好奇，這尊石像是經歷了法難？還是遭受自然災害？

石像身後是一排供桌，供奉著成就者達貝捨匝、慈母西繞祥瑪、本尊佐穹喀京、本尊象雄美日、占巴南喀大師等黃銅鎏金塑像。四面牆上是歷代象雄大圓滿成就者、佛本生故事及本教宇宙觀的彩色壁畫，供桌左側是瓊追．晉美南卡多傑大師的鎏金舍利塔。

經堂雖然不大，但有一股力量牽引我深思。寺廟創始人是瓊追．晉美南卡多傑。

瓊追大師一八九七出生在藏北那曲巴青瓊布的噶甲氏族，他十四歲那年，在路布寺巴頓尼馬堅參大師膝下出家，成為巴頓尼瑪大師的得意門生，二十二歲進入本教曼日寺，潛修本教經典，在曼日寺第三代堪布丹巴羅珠面前接受了二百五十條比丘戒，法名為雍仲堅贊白桑布。

上圖：經堂內供奉的占巴南喀石塑像。/ 二〇一八年攝
下圖：瓊追・晉美南卡多傑大師的舍利塔。/ 二〇一八年攝

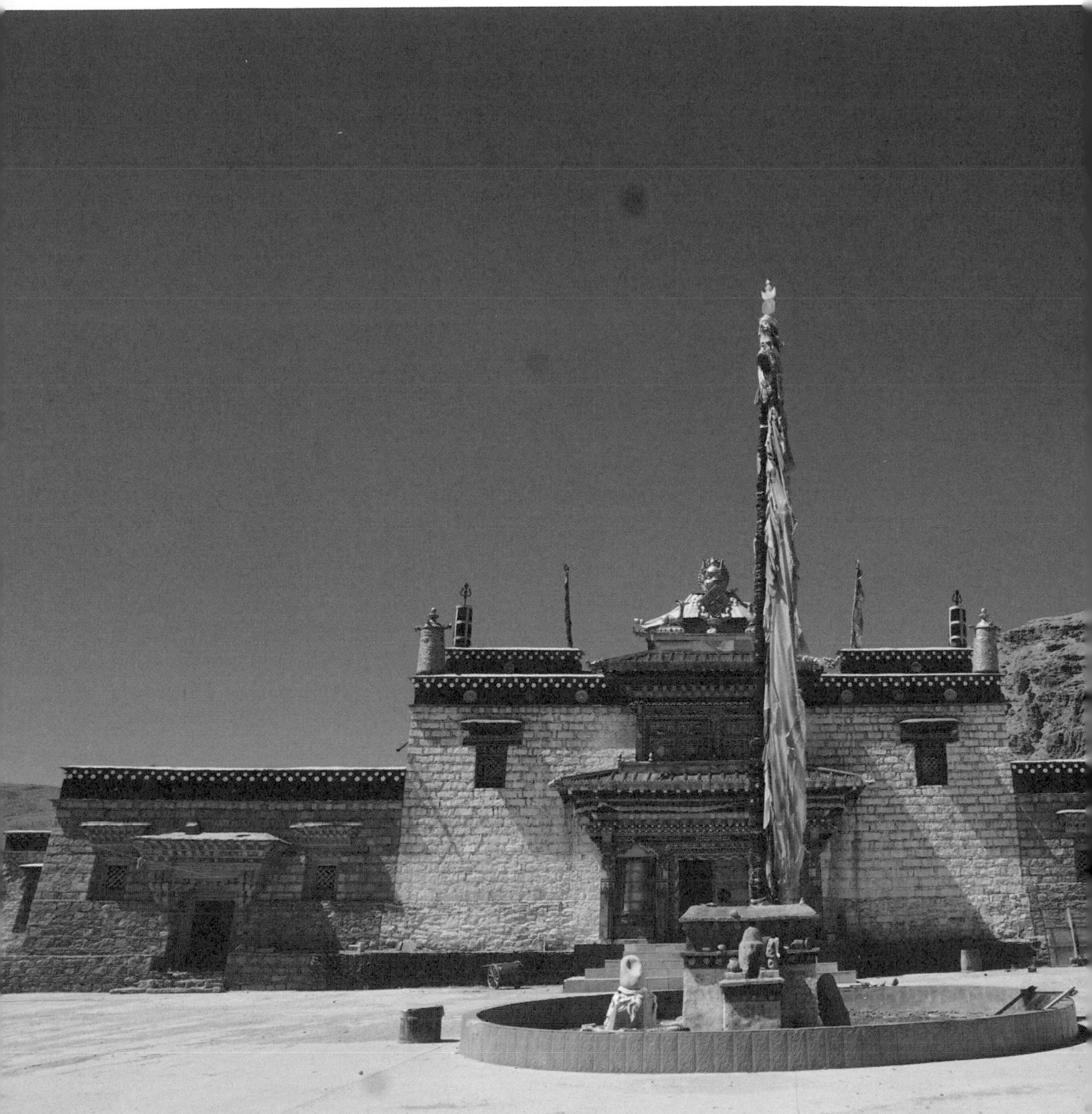

古如江寺 / 二〇一八年攝

瓊追大師二十七歲時，上師對他說：阿里是本教的發祥地，象雄被吐蕃吞併後，近千年阿里沒有本教，你要去那裡復興本教。瓊追大師懷揣上師的意願，來到岡仁波齊朝拜，又參拜了占巴南喀大師的修行洞和卡爾東遺址。

二十世紀初，瓊追大師計劃在阿里復興本教，他的真誠得到當地頭人的支持，他以佛本一家的開明思想，高深的宗教學識，在信眾中消除了「佛本水火不容」偏見。一九三五年，瓊追大師在阿里創建了第一座本教寺廟——古如江寺。時隔不久，他又建立一座分寺和一座尼姑庵，給各個宗的頭人及其家眷講經說法，治療疑難病症，舉行消災和長壽等各種祈願儀式，他博覽群書著書立說，阿里地區的本教香火中斷千年後，又重新燃起。一九五六年瓊追大師圓寂，兩年後，他的弟子白崔和凱確按照上師的遺囑，完成《瓊追傳記》書稿。

上圖：古如江寺創始人——瓊追・晉美南卡多傑 / 阿咪羅羅提供

中圖：古如江寺現任堪布措成平措主持法會。/ 祖貝提供

下圖：古如江寺門前的古墓遺址指示牌。/ 二〇一八年攝

經堂大門左側是一間文物館，一百多平方公尺的室內，擺放著各種出土文物。有銅鏡、藏茶、石杵、石球、天鐵、鹿角化石、海貝化石、帶有動物圖案和漢字的絲織品，完整的人骨骼、各種銅佛像等。因那天停電，昏暗的光線下，這些陪葬品顯得更加陰沈，好似在訴說自己與墓主人的故事。使我眼睛一亮的是那幅藏青和黃橙雙色的絲織物，上面織有龍、鳳、羊、獅圖案和「王侯」篆體的漢字。一眼就可認出是漢地皇家的高級奢侈品。西元七世紀，阿里是象雄王國的屬地，是絲綢之路的一個重要樞紐。可能這塊絲綢是來自唐朝或更早的皇室賜賞，接受賞賜者也應是象雄國君或是酋豪。

二〇〇六年，一輛載重卡車行駛到古如江寺旁，車後輪陷進泥坑中，寺廟僧人和村民幫司機將卡車從坑裡推出來，發現下陷的坑中暴露出一個棺木，寺院立即上報當地文物部門。中國社科院考古所立即

占巴南喀大師閉關修行地。/ 二〇一八年攝

派研究員前來考察，發掘出這些文物，專家確定是唐代之前的物品。

走出展覽室，見山腰上的占巴南喀修行洞在正午烈日下閃著白光，山體上一串石台階通向山崖上的密室，小玻璃窗和小木門散發著誘人的寂密氣息。

本教經典記載，法身佛幻化的占巴南喀大師，誕生在西方極樂世界千瓣藍色蓮花中，是祖師身語意的傳承者。在現實生活中，本教歷史上間隔八百多年先後出現過兩位占巴南喀，一位是象雄占巴南喀，另一位是西元七〇二年出生在西藏拉薩南方大坡嶺的大布占巴南喀。

西元前九一四年，象雄第十八代瓊陽目庫國王與王后居住在岡底斯山旁的瓊隆銀城，夫妻恩愛，生活幸福，遺憾膝下無子，他們拿出豐厚的金銀珠寶供養八位象雄高僧，求賜一個能弘揚密法，利益眾生的孩子；當高僧給他們舉行《大悲佛母送子經》儀軌時，從天空降下一個晶瑩的白色光球，進入國王頭頂，同時從天空降下一個紅色光球，進入王后頭頂。當晚，夫妻倆同時夢見一位騎著大鵬鳥的高僧，左手拿著一顆如意寶珠，右手高舉一支寶幢，站在五色祥雲上，一隻彩色杜鵑從天穹飛下，站在國王肩上，發出悅耳的叫聲。

第二年的一天，天空上出現三層彩虹，朵朵祥雲飄浮在城堡上空，王后順利生下一個兒子，取名占巴南喀。占巴藏文意為：有超凡記憶和預知能力，南喀意為：純潔、空性。

占巴南喀從小聰明伶俐，樂善好施，他拜象雄大論師東炯圖欽等一百零八位高僧為師，實修象雄大圓滿，獲得成就。占巴南喀長大後，繼承了王位，與美麗善良的印度婆羅門領主的女兒俄丹巴瑪成婚，長子才旺仁增在瓊隆銀城古堡呱呱落地。他天生聰慧，心地善良，跟著父親占巴南喀學習密法，拜多位大師學習大圓滿訣竅，在尼泊爾的夏日祖旦聖地、印度靈鷲山、八大修行聖地修煉不同的本尊，得到不可思議的成就。不久占巴南喀的第二個兒子白馬欽卓（蓮花之意）也降臨人間。

占巴南喀法相 / 姜母岑秋利活佛提供

右圖：白馬欽卓（本教的蓮花生大師）法相 / 范久輝提供
左圖：才旺仁增法相 / 姜母岑秋利活佛提供

媽媽俄丹巴瑪聽說西南方（今喀什米爾地區）有一顆連續七世轉世實修者的舍利，如誰得到就會獲得超凡法力，她要獨自一人去取舍利。爸爸占巴南喀讓媽媽帶長子才旺仁增一起去，二人因此發生爭執，媽媽一氣之下，丟下兩個兒子，獨身去了聖地。結果，舍利已被他人拿走，她滿懷氣憤回到家，指責丈夫：「都是因為你，我沒有拿到舍利，我是領主的公主，要幫助家鄉百姓，你是我修行的大障礙，我要離開你。」占巴南喀耐心勸說：「加持物不是禮物，加持必須通過修煉才能得到，修行的目的是為了成佛，而不是得到神通。」最終占巴南喀沒能留住媽媽，她帶著小兒子白馬欽卓前往印度學習，長子才旺仁增留在爸爸身邊。

俄丹巴瑪母子前往印度，途經達供噶麥朵熱巴林時（今巴基斯坦南部），此地正舉辦一個空行母密供法會，她看到附近有一條長滿大青蓮的小河，她選了一顆大大的青蓮花把小兒子藏於花內，自己沐浴參加法會去了。傍晚法會結束，俄丹巴瑪來到河邊，見一朵朵原本開放的大青蓮變成一個個大花蕾，不見兒子，她大聲呼喚兒子，找了一夜也沒見到兒子身影，猜想兒子一定是被野獸叼走了，滿懷傷痛地離開了小河。

第二天清晨，大青蓮怒放，正巧烏丈那國王到河邊散步，發現青蓮中睡著一個白白胖胖的小男孩，心生歡喜，認定這是上天賜給他繼承王位的兒子，立即抱回皇宮，為王子舉行慶典，取名：蓮花生。

烏丈那國王為蓮花生提供了優越的生活環境，王子長大後拜見占巴南喀等很多大修行者，接受本教密法和象雄大圓滿真傳，最終成為響徹八方的上師。後占巴南喀、才旺仁增、白馬欽卓（蓮花生）父子三人，都獲得非凡成就，成為長壽三尊，被後人供奉。

我面對占巴南喀修行洞，心底升起無限崇拜和敬仰，深深彎下腰三拜，抬頭瞬間，一切思維嘎然停止，止於眼前所見，止於心中所感，止於當下所悟，我突然明白這就是聖地的加持。

21 昔時王朝的七百年都城——卡爾東遺址

敦巴幸饒彌沃王子像／阿咪羅羅提供

古如江寺大門左側約八百公尺處，有一座四面光禿禿的卡爾東山梁，這就是著名的卡爾東遺址。卡爾東是古象雄語的音譯，其意是喇嘛居住的高山峭壁，這是象雄王朝的首府瓊隆銀城的舊址，古城最初由祖師敦巴幸饒和象雄國王赤傑拉威金角王創建，在古象雄數千年歷史中，曾有七百多年定都在瓊隆銀城。

據《敦煌吐蕃歷史文書》《贊普傳記》記載：西元七世紀，由於古象雄的經濟、軍事強大，引發在它東南方吐蕃部落的極度不安。吐蕃贊普松贊干布多智多謀，向象雄國王李彌嘉表示友好，常到象雄拜訪，看到李彌嘉第四個漂亮單純、年僅十八歲的妃子薩瑪噶，就動了惻隱之心。一次，吐蕃王派使臣給薩瑪噶送了一牛角砂金，使臣對薩瑪噶說：「妳這般漂亮，應是王妃，豈可做李彌嘉的小妾，我王為妳鳴不平，妳如有意挽救，待事成功後，妳可以做吐蕃王的王妃，吐蕃王將以三分之二的土地賜予妳。」薩瑪噶聽後喜上眉梢，她用頭帕包了三十顆精美的綠松石作為禮物請使臣轉交給吐蕃王，並附上寫好的一封隱喻的詩句，詩詞大意是：勇猛無比的男神，綠松石可做英雄的耳墜，前來征討，若把綠松石作為項鍊，就是怯懦的小女人。吐蕃王根據這些詩句和綠松石，立即明白了薩瑪噶的心思。

當象雄王帶兵前往邊境討伐蘇毗部落，走到色瓊和洞瓊二山之間（今那曲尼瑪縣當惹雍措附近），被悄無聲息埋伏在山上兩側的吐蕃兵一舉攻下，象雄王李彌嘉當場命斃。西元六四四年，一度輝煌繁榮的象雄王朝，被吐蕃王吞併，黃沙掩埋了豪傑，銀色的象雄城堡瞬間失去了它的主人。

遺址占地面積約一萬九千平方公尺，站在悲愴淒涼的古堡廢墟上，我屏住呼吸，在黃土高坡上搜尋數千年前象雄王朝留下的文明和意外滄桑，尋找那場血腥戰鬥金戈鐵馬的悲壯。

風化的黃沙禿山，滾落著許多比水泥還堅硬的大石塊，石塊裡填充著細碎的石子，據說這是古人為了建築的永久，把石塊壘圍起來倒入鉛水，攪拌凝固，這就是當今水泥的鼻祖。

大石塊旁一叢叢黃色、紫色的野花倔強地挺直腰板，大大方方地把嬌媚和芬芳獻給這個世界，花桿上白色絨毛在烈日下閃著銀光，好像一顆顆鑲嵌的鑽石。聽說這種高原花在沒有開放前，它會把自己打扮成和土地一樣的顏色，減少其他動物、昆蟲的傷害，花蕾開放的瞬間非常艷麗，吸引來很多昆蟲，因為它的花期就那麼幾天。

兩隻淺灰色小蝴蝶閃動著翅膀，依戀著石塊旁的花朵翩翩起舞，不時地打開長長的軟喙吸食花蜜，那嬌澀的身軀，在遺址中油然顯得淒美，每個生命中都住著一個佛，它們在用短暫的生命完成自己的初心。

土山背後，一片綿延看不到邊際裸露的黃土高原上，幾條乾涸的古河道如八爪魚般彎彎曲曲伸向遠方，十幾簇由碎石堆成的小山丘，劃分著不同功能的區域，好似在默默堅守著千年承諾。

右圖：卡爾東遺址／二〇一八年攝
左圖：遺址上用鐵水澆灌成的大石塊，質地比水泥還堅硬。／二〇一八年攝

山風呼呼地吹著，我傾心聆聽每一縷微風，每一粒沙塵中那哀怨的低吟和哭泣，彷彿看見數千年前富麗堂皇的宮殿，純銀質的拱頂飛檐如展翅高飛的大鵬鳥，四個用海螺壘砌的城門，在陽光下閃著耀眼的銀光，象雄王頭帶王冠，身穿綾羅，站在古堡上滿意地看著豐美的草原，肥壯的牛羊，盛裝的子民，英勇的武士，還有那滾滾青稞麥浪。然，春榮秋枯，花開花謝，斗轉星移，璀璨又神祕的象雄和億萬滄桑，如同我頭頂飄過的浮雲，漸行漸遠，綠洲已成人跡罕至的荒野，勇士的身軀已成為腳下的泥沙，願他們的靈魂早歸淨土。

站在卡爾東遺址上，可以看到十公里外的岡仁波齊雪山，它是象雄王朝的後花園，散發著無限的寬容和寧靜。雖古堡已經變成廢墟，它依舊展示出雄偉與霸主身分，向世人釋放著難以拒絕的誘惑。

我不由自主地唱起：

在那久遠久遠的時代
以前有著瓊隆銀城的傳說
在那高聳宇宙的岡底斯山
有座輝煌的象雄王朝

僧人祖貝給我們介紹遺址。/ 二〇一八年攝

瑪旁雍措 盛滿甘露的清澈
潤澤群生的蓮池一座
岡仁波齊 世界文明發祥地
古聖先賢從這裡走過
啊 永恆的象雄 神聖的故國
虔誠的人們為您高歌
象雄啊象雄 萬古流芳的象雄
幸繞彌沃 偉大慈悲的佛陀
敬仰您聖潔的光芒閃爍
雍仲本波 圓滿智慧的寶藏
引導眾生離苦而得樂
啊 永恆的象雄 莊嚴的故國
萬世的太陽永遠不落
象雄啊象雄 慈恩浩蕩的象雄
嗡嘛智牟耶薩勒嘟……

我扭過頭，見祖貝站在遺址石碑旁沈思，絳紅色的袈裟鑲嵌在寬廣的天地中，在無言的城堡遺骸上，凝結出一道柔靜的守候，千百年來本教修行者格守極簡的生活方式，默默修持，播撒著佛種。

22 邊疆部落王去了哪裡？——拉向城堡遺址

跨進阿里地域。/ 二〇一八年攝

離開卡爾東遺址，夕陽中，我們進入美麗的阿里獅泉河縣城，乾淨整齊的街道，寬闊的文化廣場，沿街嶄新的路燈，圍牆上噴繪的大紅剪紙宣傳畫，整個城市洋溢著新年般的喜氣，晚上我們入住縣城的藏緣賓館。

第二天清晨，我們驅車順著二一九國道，前往距離獅泉河鎮一百二十公里的日土縣拉向城堡遺址，它是古象雄時期一個重要的邊陲城池，也是邊境要塞。

電話聯繫上嘎瑪堅贊老師在日土縣文化局的朋友，設好導航，二個多小時後，在日土中學門前見到給我們做嚮導的兩位老師。車子在嚮導不斷指揮下，穿過一片望不到邊的黃砂土地，拐進重重疊疊的山谷。

日土縣地處阿里的西北方，全縣平均海拔四千五百公尺，最高海拔六千八百公尺，被稱為世界屋脊的屋脊。

數千年前，日土是象雄王朝的直屬地，由一位象雄部落王管理，不僅要阻擋北面敵軍入侵，同時肩負著北部地區的經濟。西元七世紀，松贊干布征服象雄，日土納入吐蕃範圍。西元七五一年，清朝中央政府在西藏建立地方政權，日土劃為阿里噶爾本統治下的一個宗。

我們的車子在一片山巒懷抱滿地碎石的山地上停下來，坐在地上聊天喝茶的兩位牧民用疑惑的眼神看著我們。

上圖：獅泉河縣城文化廣場／二〇一八年攝
下圖：與給我們做嚮導的日土縣文化局的二位老師見面。／二〇一八年攝

右圖：拉向城堡遺址上打歇喝茶的牧民。/ 二〇一八年攝
左圖：拉向城堡的長城遺骸。/ 二〇一八年攝

這裡四周群山環繞，連綿起伏的山頂上鋪著厚厚的積雪，陡峭的山脊豎立著高低不等的城牆殘骸，山坡上有多個四方形房基，不知原是堡壘還是神殿，雖已成為殘垣，但依舊彰顯出當年的壁壘森嚴。

縣文化局的老師指著前面雪山說：「後面另一座山上有很多古堡遺址，你們爬上山看看。」望著眼前這座被陽光照得閃閃發亮的雪山，我興致勃勃邁開雙腿，衝在前面。由於山體嚴重風化，山坡上落滿大大小小的石塊，走起來十分費力。於是，我們分成二路，我和老師去左側山頂，孫總和頓珠去最遠的那座山。

這裡的山是灰黑色的花崗岩，石面堅硬且鋒利，山坡很陡，身體要貼著懸崖峭壁往上攀附，老師手腳靈活，三步兩步跳到了山頂，他不斷地叮囑我：「別著急，注意安全，說完瞬間不見了身影。」

山腰上有一段百公尺長的殘牆，如巨蟒般不斷延伸至下一個山頭，數千年風沙雨雪的侵蝕，地面和牆頭已布滿溝隙，石塊大小均勻，像是古堡的第二道城牆，它的上方每隔幾十公尺就有一個四方形的房基，好似烽火台和碉樓等相結合的防禦體系，站在山腰可以三百六十

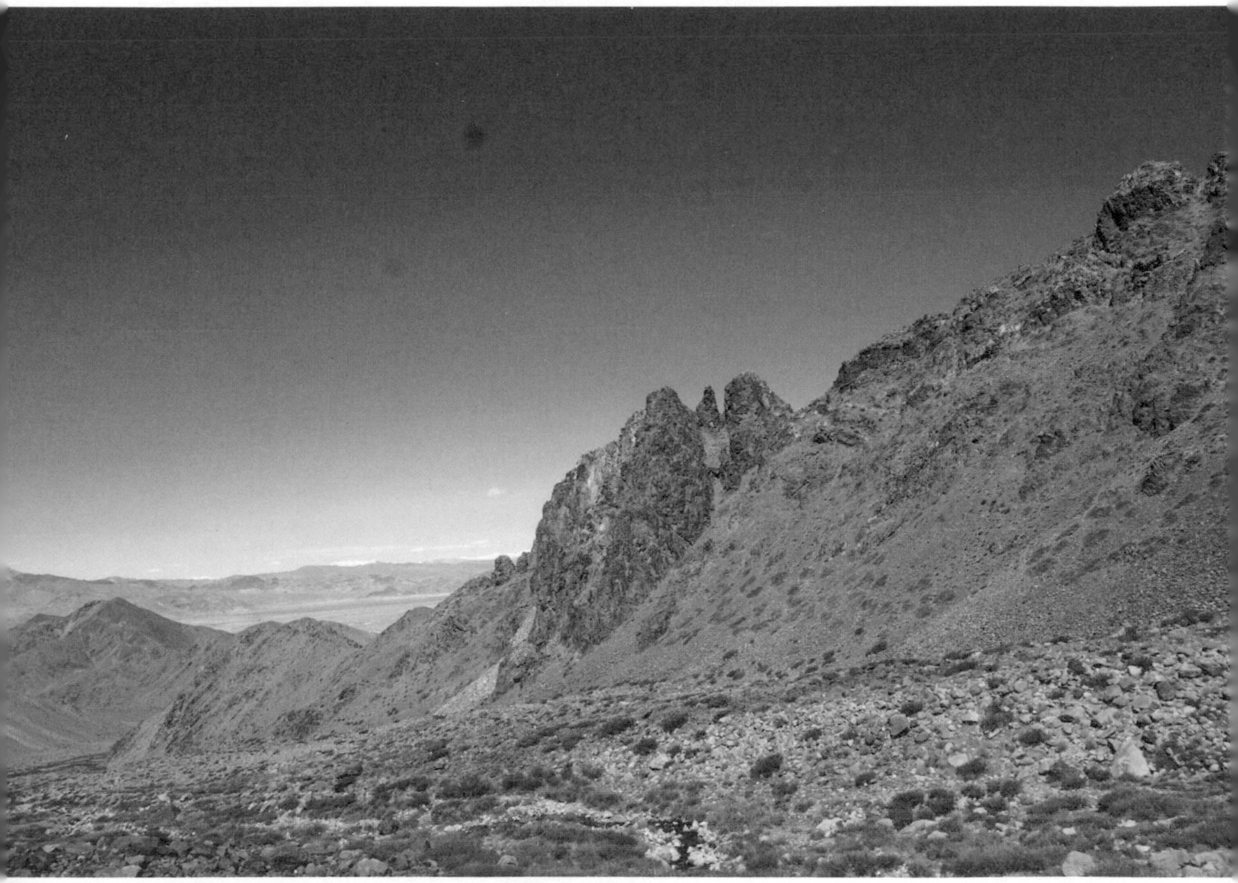

拉向城堡遺址南側一片遼闊。/ 二〇一八年頓珠攝

度俯視山下的道路。古象雄人真是睿智，根據山勢蜿蜒修建的天然屏障，易守難攻！

在山脊上有一塊較平緩的山坡，有幾處倒塌的半截牆壁，牆縫中凝固的殘雪，被陽光折射出星星點點的五彩斑斕，是駐紮部隊的軍營？是當年的佛殿？還是後人在這裡閉關修法的關房？我猜測不出它的本來面目，歷史曾在這裡寫滿文字，又留下空白。

站在山頂，天高雲闊，伸手可以摸到天。山頂除了這些展示頑強的生命與倔強氣息的古堡遺骸，只有穿過這些殘壁之間的風。

我舉目尋找老師，天上飛來一隻黑色的鷹，煽動著寬大的翅膀，在我頭頂上方盤旋、滑翔，眨動著好奇的眼睛看著我，看得出牠有健壯的體魄，堅韌的性格和機警的心智，我伸出雙手在嘴邊一個飛吻，「扎西德勒！」送給雄鷹，祝福牠永遠幸福安康！

我看山頂沒有什麼稀奇之物，便慢慢移動腳步下了山。老師拿著相機出現在我面前，「後面山頂上有很多宮殿的基石和倒塌的石房子，沒有什麼特殊的，妳不用再爬上去啦。」

我望著群山和那些斷壁殘牆，感嘆古象雄先賢勇士的智慧和雄風，不知數千年前這裡發生了什麼？這位堅守邊疆的象雄部落王去了哪裡？

在山下等了一會兒不見孫總和頓珠的影子，我有些擔心，聽說山裡有野驢，還有野犛牛和棕熊，茫茫大山裡只有他倆，萬一遇到犛牛追趕他們怎麼辦？被棕熊抓住怎樣逃脫？怎樣去救援？我不敢往下想，便大聲呼喊他倆的名字，聲音剛出口，瞬間被荒野的勁風吞掉了。我站在左右兩座山的岔路口，焦急地東張西望，終於，他倆的身影出現了，頓珠氣喘呼呼跑過來，迫不及待地拿出手機給我看他拍的照片。

「殘牆從山腳一直延伸到山頂，上面有石頭壘砌的城牆、很多倒塌的房子、山洞、密室……」頓珠滔滔不絕地給我講述他拍的每一張照片。記得有關學者考察分析，拉向城堡遺址不僅有高大

拉向城堡遺址上的山洞。/ 二〇一八年頓珠攝

的宮殿、行政議事殿、軍機殿，還有佛殿、護法殿、經堂、洞窟，統計可達三百餘座。可見那時象雄王朝的軍事力量何等強大。

望著那重重高聳的雪山，山嶺中不知還有沒有修行人，那留有一扇門的山洞，也許是本教瑜伽士的閉關房，他任運離戲地在修煉徹確、托嘎、扎隆、禪定，將輪迴的根掘起。

我懷著無比崇敬的心情，與邊塞大山告別。

雪山背後有多處倒塌的城牆、房基。/ 二〇一八年攝

23 象雄十八城堡之一——熱拉卡馬遺址

頓珠向牧羊人打聽去熱拉卡馬遺址的路。/ 二〇一八年攝

我們按照嘎瑪堅贊老師的電話指點，驅車前往熱拉卡瑪古堡遺址，車子拐過幾座雪山，沿著獅泉河畔一直向上游開，過高的海拔，稀薄的空氣，放眼望去，四周仍是一片荒漠乾堤。

車子又繞過二座大山，河床慢慢變寬，平緩的河水映出空中朵朵白雲，站在岸邊可清晰地看到魚兒游動。獅泉河發源於岡底斯山主峰背面的冰川，經阿里流入喀什米爾，全長一百五十二公里，據說河對面不遠處是玉羅卡遺址，是象雄所有古堡中最早的遺址，也是象雄文字記載的第一座城池。象雄王赤列金吉居給祖師敦巴幸饒在這個城池中建了一座學校，敦巴幸饒在這裡創造了象雄文字，給當地人民傳授鑄造建築等為主的工巧明學、以醫學醫藥手術為主的醫方明學、以語言文學邏輯為主的聲明學、以九宮八卦星象為主的外明學、以修行為主的內明學，這五明學科是象雄文化的精髓，奠定了象雄王朝的文明。

車子向東南方向又行駛一個多小時後，終於看到黃綠色的草原和成片的羊群，多支交匯的河流在草甸子上蜿蜒流淌，怒放的野花在微風中輕輕地搖曳，一派充滿野味的藏北草原。

阿里不僅是朝聖之路，也是西藏最古老的商道，西元一世紀，印度和波斯商人把西藏的麝香作為珍品，賣給羅馬的宮廷和貴族，中國的絲綢等商品沿著喜馬拉雅山、崑崙山、帕米爾高原送往西亞、歐洲和印度，數千年持續不斷的東西方經濟在這裡接軌，東西方文化也在這裡交融。

隔著車窗，隱約看到前方的獅泉鎮，我們車子右拐，沿著黃砂土地上的車轍往西北方向開了二個多小時後，終於看到一座較高的土丘，對應嘎瑪堅贊老師手機發來的圖片，確定這就是吐蕃王侯的一個宮殿——熱拉卡瑪古堡遺址。

阿里柔軟的黃昏霞光，把大地染成金色，空蕩寂寥的天地間，只有我們三人和面前的古堡遺址，似乎有點跨越時空的錯覺。突然，古堡上方出現一片烏雲，原本金光四射的古堡瞬間變成黑灰色，天地間變得一片昏暗，隱隱有種天地動容的徵兆。是上天在向我們預示什麼？這裡隱藏著怎樣的憂傷？是古堡的守護神告訴我們這裡曾是象雄十八城堡之一？我驚恐地看著天上的烏雲。

約五分鐘，太陽又露出笑臉，遺址又重新沐浴在金色光芒中，蕩漾著生命的絢麗。

山坡上灑落著大大小小奇形怪狀的石頭，幾簇生長在石頭縫隙中的野草隨意伸展腰肢，野花開得狂歡燦爛，躺在碎石下乾枯的樹枝被數年風雨烈日的洗禮已扭成S型，但彰顯出千年不倒，倒了千年不死，死了千年不爛的風骨。阿里給這裡的一切生命，都賦予了頑強、堅韌、樂觀、向上、豁達的性格。

上圖：突然，熱拉卡瑪古堡遺址上空飄來一片烏雲。/ 二〇一八年攝
中圖：高原上不屈的生命。/ 二〇一八年攝
下圖：在熱拉卡瑪遺址上撿到寫有文字的石頭。/ 二〇一八年攝

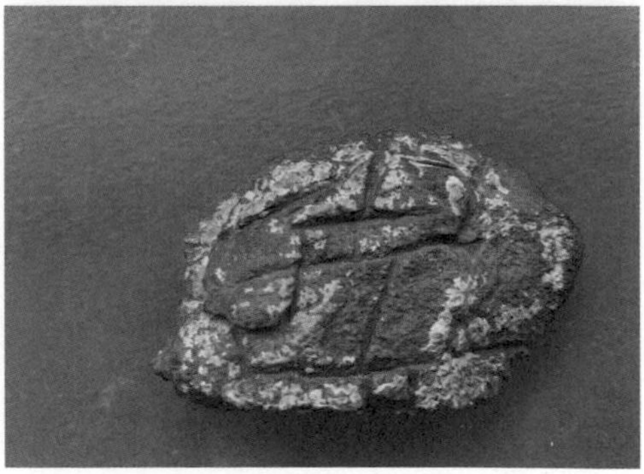

夕陽下的熱拉卡瑪古堡遺址。/ 二〇一八年攝

雍仲本教無上瑜珈大師：南卡堅贊仁波切 / 阿咪羅羅提供

我仔細端詳著山坡上的每一塊碎石、每一棵小草和吱吱叫的小昆蟲，感嘆它們頑強生命中堅守的那股不屈不撓的稟氣，凝神傾聽它們的呼吸和歌唱，及它們各自的生命歷程。

看著看著，突然眼前一亮，在一簇草叢下有一塊紅褐色如同小孩拳頭大的石塊閃著紅光，拿起一看，上面刻有文字，筆畫清晰、刻痕有力，從橫豎筆畫看像是漢字，但分辨不出是什麼字，石頭被歲月的嚴寒酷暑風霜雨雪的磨礪，稜角已不見鋒芒，如同包了很厚的一層蠟，放在手中圓潤光滑，有種直射心魄的感覺。

本教歷史上有很多虔誠的密宗修行者，身心產生出強大的超自然力，會對著清冷堅硬的山石隔空寫字，在石頭上留下如刀刻般的字跡，難道這是修行者留下的墨寶？我抬頭望著高大的古堡，尋找答案。本想把這塊石頭與它的左鄰右舍拍張最後的合影，遺憾，手機、相機全沒電了。

孫總和頓珠已經爬上了古堡頂部，我加快腳步追上去。

遺址下方是開闊的獅泉河盆地。/ 二〇一八年頓珠攝

古堡依山而建，山體嚴重風化，原本排列緊密的石板石塊變得很鬆動，隨時都有倒塌的危險。我喘著粗氣，走走停停，仔細觀察眼耳所到之處，尋找古人留下的痕跡，欣賞每個生命的靈魂，沈醉在那些有形和無形的光影中。

孫總也被古堡的壯觀氣勢所感染，一口氣爬上山頂，坐在古堡的殘牆上瞭望無盡的戈壁，看著天空盤旋的幾隻蒼鷹，他說那一刻，想到自己要努力精進，造福社會。

頓珠也非常興奮，如同山兔般輕巧地跑上山頂，翻過山頭，跑向山的另一面，去拍攝灑落在盆地中的多處廢墟，他還撿到一個海貝殼化石，和我在佩枯措拾到的貝殼一模一樣。

我懷著崇敬之心，站在數千公尺高的熱拉卡瑪遺址山頂，四周無比遼闊，蒼茫無際的獅泉河盆地，彰顯著野性的大美，腳下的古堡，當時是何等尊貴和輝煌，雖它早已湼滅在時光長河中，但依舊掩飾不掉古堡的孤傲，同時演示著大自然無常的真理。

時光在愉悅的徜徉中跑得太快，瞬間十幾天的時間從指尖上溜走，因孫總北京有事，我們無奈地從阿里昆沙機場乘飛機到拉薩。隔著機艙小窗，一朵朵鑲著金邊的祥雲下面，是地球億萬年的地質演變，崑崙山脈、喀喇崑崙山脈、岡底斯山脈、喜馬拉雅山脈，如同四條巨龍盤踞在大地上，獅泉河、象泉河、孔雀河、馬泉河像四條飄置遠方的藍綠色哈達；如藍寶石般晶瑩通透的瑪旁雍措、班公措、拉昂措、扎日南木措等眾多大小湖泊在烈日下閃出耀眼的光芒，黃綠色的草原如柔軟的毛毯，鋪在大地上。這一切是那麼寂靜、空靈、開闊、純粹。

「它無修飾、無造作、無妄念、瞭然無痕、不可言說。」耳畔突然響起丹增南達仁波切的聲音。我驚呆了，完全呆住。啊！赤裸的空性和原始智慧就在當下。

中國古象雄文明的精髓滲透在大西藏的每縷空氣中，這裡是讓人放飛心靈的聖地，除了視覺的衝擊和美感，更是心靈的震撼，無論是歌賦悠揚、富強的古象雄，還是淒涼悲壯的古堡遺址，都是賞心悅耳的詩歌，任何生命都有一段精彩的旅程，西藏阿里如此無限神奇，我要繼續探尋，還會遇到新的驚喜。

盆地中的古建築殘骸。/ 二〇一八年頓珠攝

第七章

尋找象雄後裔的足跡

在尼泊爾、印度、不丹、錫金、喀什米爾等地，都可以看見象雄後裔的身影，
他們依舊堅守著古老象雄的信仰和風俗。

雍仲本教的楊列雪神山。/ 二〇一九年攝

24 居住在尼泊爾的象雄人

喜馬拉雅山，藏語意為「雪的故鄉」，是世界上最高大最雄偉的山系，尼泊爾位於喜馬拉雅山中段南麓，是內陸山國，北與西藏接壤，東、西、南三面被印度包圍。本教經典記載：億萬年前尼泊爾是一片湖海，聚居著很多形貌似人的龍界眾生，他們經常施放魔法，使得波浪滔天、山崩地陷、瘟疾橫行，人們痛不欲生。此地的達拉和阿秀兩個家族請來本教祖師敦巴幸饒出面平復，祖師用不同的語言給各種眾生講佛法，不久，此地變得和諧友善，至今還可以在高山峽谷中看到很多神跡。

千百年以來，各教派的諸多修行者在尼泊爾的高山祕洞、聖地中修法，得到加持，速獲成就。

＊＊＊

二〇一〇年，我和肖茵老師來到尼泊爾加德滿都的赤丹諾布澤寺，格西帶我們到祖師敦巴幸饒曾駐錫過的斯瓦揚布自生塔參拜，格西說：最早這裡是一座矮小的白塔，塔內安放著本教的經書和祖師敦巴幸饒塑像。約西元前三世紀，當地人在保留小塔的基礎上，圍建了這座大白塔，它成為印度教濕婆神化身的聖地，因這裡猴子多，當地人稱「猴廟」。千年來受到本教、佛教、印度教信眾的崇愛。

二〇一九年，赤丹羅布澤寺的姜母岑秋利活佛，和印度曼日寺的格西丹巴旺傑，帶我們去加德滿都往西三十多公里，敦巴幸饒祖師曾住錫的楊列雪神山掛經幡，他倆是四川省馬爾康藏族嘉絨人，也是象雄的後裔。

上圖：斯瓦揚布自生塔曾是本教敦巴幸饒佛講法的地方。/ 二〇一〇年攝
下圖：姜母岑秋利活佛和格西丹巴旺傑帶我們在神山上掛經幡。/ 二〇一九年攝

上圖：雍仲本教的蓮花生大師（白馬欽卓）。
／本智明燈提供
下圖：閉關洞內／二〇一九年攝

楊列雪神山，森林繁茂，山形俊美，就像一隻臥著的大象，它是本教的神山，歷史上本教的蓮花生大師（白馬欽卓）和很多修行者在山上修法，獲得非凡能量。如今雍仲本教、寧瑪派、薩迦派、格魯派、印度教的信眾，都會在山上掛風馬旗、煙供，祈禱心想事成！

楊列雪山腰部有一個著名的阿蘇拉石洞，「阿蘇拉」是梵文，祕密岩洞之意。

歷史上，本教的蓮花生大師（白馬欽卓）曾在此洞穴中居住、修煉密法。本教成就者瓊追・晉美南卡多傑在洞裡閉關兩年。

洞穴很小，勉強容納四個人，供台上供奉著一尊度母像、兩盆紅色仿真花、曼扎盤、小銅塔，酥油燈，供水杯，借著微弱的酥油燈光，可找見洞壁上蓮師留下的頭蓋骨印跡。

我將白色哈達輕輕放在供台上，行磕頭禮，按照活佛和格西的樣子，在洞內盤腿靜坐，讓興奮激動的心快速安靜下來，感受洞內的靜謐和聖者留下的慈悲……

本教瓊追・晉美南卡多傑大師曾閉關修法的山洞。洞門左側山石上有修煉成就者留下的手印。/ 二〇一九年攝

山路上，巧遇在尼泊爾居住的象雄人。/ 二〇一九年攝

在下山的路上，看見幾位頭戴綠色帽子的婦女，這是象雄人的標誌。活佛和她們打招呼後，方知她們是尼泊爾多坡地區的本教信徒。

從楊列雪神山往東十幾公里的楊烈秀聖地，是數千年前本教母續瑪居修密法降魔除妖的地方。

這是一座獨特的岩石山，整個山體是由地下噴發的紅色岩漿凝固而成，光滑的懸崖峭壁上，自然形成兩個像張著血盆大口瞪著雙目的猛虎，大自然的鬼斧神工，造就了如此的震撼自然雄風。

本教母續經文中記載：三千多年前，首席空行母雍千結瑪傲措用天語給空行母們傳授密法，母續瑪居和他的空行母，分別在外形似貓頭鷹、猛虎、狗熊、雄獅的二十四個山嶺中修煉密法，楊烈秀是母續的二十四聖地之一，現在這裡成為印度教濕婆的聖地。

石山下有一個很小的山洞，本教典籍中記載，這裡是本教蓮花生大師（白馬欽

右圖：本教蓮花生大師（白馬欽卓）的閉關洞。/ 二〇一九年攝
左圖：在仁波切身邊學習的姜母岑秋利活佛。/ 姜母岑秋利提供

本教母續瑪居修法的神山。/ 二〇一九年攝

右圖：印度教供奉的財神，這裡原是本教護法木都的屬地。/ 二〇一九年攝
左圖：陳列尼瑪仁波切 / 二〇一九年攝

卓）閉關修法的山洞，後來不斷有修行人在這裡閉關。洞穴窄小，只能容下三個人，我們在小小的供台上點燃酥油燈，格西旺傑雙手合十虔誠地念誦祈禱文，帶我和孫皓就地靜坐，讓我倆感受聖地的信息，姜母岑秋利活佛坐在洞口外誦經。

望著酥油燈燃動的火苗，我口誦丹增南達仁波切傳授的瑪居祈禱文：

嗦！祕密，大密，極密之聖尊
壇城內修祕密之曼扎
無始以來纏繞之惡魔
我以了達自覺自性之怒尊
我以智慧之武器
眾生解脫我解脫
……

尼泊爾有很多古象雄的聖地遺跡，姜母岑秋利活佛又帶我們去市內本教護法神木都的屬地。

那是居於繁華地段，當地人稱那若湯的印度教最崇敬的財神廟。在院落圓形水潭中央，靜靜地盤臥著一團蟒蛇，仔細分辨，找不到它的頭和尾，不知是一條還是多條？雕工的精細和真的蟒蛇沒有絲毫差異。

期盼不久的將來，能有更多古象雄聖跡在尼泊爾重現光芒，讓更多人瞭解古象雄文明。

在尼泊爾期間，巧遇印度曼日寺負責教育的陳列尼瑪仁波切回家鄉多爾波，仁波切曾給我傳授過「度智思」的觀想和大圓滿禪修，仁波切也是我的上師之一。我們有幸邀請到仁波切在大白塔旁的禪茶一味素食餐廳一起共進晚餐。

博達大白塔又稱滿願塔，位於加德滿都市中心，已有一千二百多年歷史，據說塔內裝有迦葉佛的舍利，每天來自世界各地的朝拜者、遊客，絡繹不絕。

禪茶一味餐廳的老闆是一位來自台灣的陳小姐，自從她皈依了寧瑪派的上師，為了方便向上師請法，她留在加德滿都開了這家餐廳。餐廳內只有三張小桌，每天中午營業，其他時間她專心修法誦經；

上圖：仁波切繪聲繪色地給我們講述他的家鄉多爾波。/ 陳小姐攝

中圖：二〇〇一年五月二十一日陳列尼瑪仁波切（左）受南卡諾布仁波切（右）邀請，在義大利講授象雄歷史。/ 阿咪羅羅提供

下圖：路扎地區的占巴南喀修行洞。/ 丹巴旺傑提供

左圖：路扎地區的象雄村莊。/ 丹巴旺傑提供

當她聽說我們邀請仁波切前來品嘗她的廚藝時，她特別應許可以用晚餐，親自調整了餐座，拿出最好的普洱茶供養仁波切。

陳列尼瑪仁波切出生在尼泊爾多爾波地區的雍敦家族，歷史上雍敦家族曾出現過很多耳傳大圓滿虹化大師，至今保存著很多珍貴的象雄耳傳大圓滿經書。仁波切任印度曼日寺的波羅職位，負責僧人教育和培養教師隊伍，同時他還研究象雄歷史，用二十多年時間整理編寫出《象雄字典》，為象雄文字補上空白。二〇〇一年五月，陳列尼瑪仁波切受國際知名藏學家、大圓滿導師南卡諾布仁波切的特別邀請，在義大利的教堂，給南卡諾布仁波切和他的弟子們講象雄歷史和吐蕃王朝歷史，並用三個月時間編寫出一套象雄歷史資料，滿足南卡諾布仁波切的心願。南卡諾布仁波切多次在國際宗教會和國際藏學會上，介紹中華本土的佛法雍仲本教和象雄歷史。

我們圍坐在仁波切身邊，一起喝茶、品嘗簡約日式素食，觀賞窗外的大白塔夜景，聽他風趣地講述家鄉的故事。

「多爾波是尼泊爾西部的一個縣，地勢高山險峻，交通閉塞，居民來自西藏的多爾波宗，至今保存著較完整的古象雄文化。

「多爾波又分上多爾波和下多爾波，我的家鄉在上多爾波，這裡是世界上最高的村莊，不長樹，很多村民一生都沒有見過樹木。有草、有牛羊，沒有雞和豬，冬天很冷，牛鼻子的鼻涕還沒有滴到地面就凍成一條長長的冰柱。留著長鬍子喜歡喝酒的男人，酒水滴在鬍子上立即變成冰渣，雙眉變成兩根冰羽毛，

右圖：去多爾波的路。/ 范久輝攝
左圖：尼泊爾的象雄姑娘。/ 姜母岑秋利活佛提供

像卡通人一般！河面凍得很厚，要砸冰窟窿取水燒飯，七、八月天氣比較好，雨水不多，有蘑菇、白菜、馬鈴薯、青稞、蟲草。秋天把馬鈴薯埋在土中儲藏，夏天把青菜煮熟晾乾留著冬天吃。象雄耳傳大圓滿的阿瑟護法，就是出生在多爾波，他的名字是：頗拉阿瑟傑布。

「本教二十四位成就者之一的高僧陽澄扎西堅贊，第一個來到多爾波，看見山崖上有一個凹進去的山洞，他想在這裡修行、打坐。他拿出一根銀針，站在山石前，心中默默想：這根銀針如能扎進石頭裡，證明自己可以在這裡修行，如銀針扎不進石頭，就說明自己不能在這裡修行，今後也不能傳這個法。結果，小小的銀針被他很輕鬆地扎進石頭裡，第二天，在山洞口長出一棵核桃樹，於是，他在這個山洞裡閉關修法很長時間，獲得成就。

「從閉關洞翻山步行二個小時到路扎地域，有占巴南喀和財旺仁增修行洞，再往前走，有達拉美巴、母續五大本尊的修煉地，還有一百零八個冒著熱氣的泉眼，這裡是母續瑪居空行母聚會沐浴的地方，周邊有很多本教小塔，附近還有寧瑪、薩迦、印度教的廟，藏語稱這裡「洛瓦」，是西藏與尼泊爾的主要貿易通道。

阿瑟護法 / 丹巴旺傑提供

「山泉不遠處就是我們的中國邊境，附近有一個小機場，當地人講象雄語，生活方式、信仰、風俗都和西藏人一模一樣，這個地區海拔不高，有蘋果樹、核桃樹。這裡有一個路巴族，信仰本教，會念八字真言，其服飾與四川嘉絨人相近，本教很多格西考察此地，在高高的山洞裡挖掘出很多本教經典。經科學論證這些經本的紙張是八世紀時期的。瑪宗遺址曾出土大量的手抄本教經本，裡面的繪畫十分精美。如今本教信徒依舊很多。

「在多爾波措崩莫湖畔，有個村莊名字叫措，從地貌上看與象雄美日本尊有關，象雄美日本尊一般住在雪山、聖湖、森林裡，這個寺廟傳統修象雄美日本尊，收藏了很多古老的經書。那個地區現在有巴列寺、桑木林寺等十幾個本教寺廟。其中桑木林寺有一千多年的歷史，保存了大量珍貴古老的本教經典。十二世紀前此地區全部信仰本教……」

聽著仁波切繪聲繪色的描述，我的心也跟著他飛到了多爾波、路扎、木斯塘，十幾年前我聽說那裡有很多象雄古蹟，特別想去探訪，一直在等待緣分。仁波切可能看出我們迫不及待的樣子，話鋒一轉，笑著說：

「去多爾波需要願力，當你全心全意利他時，你會有超出想像的能量，從加德滿都乘飛機到博卡拉，有二種方式可到路扎，乘直升飛機，但降落點不好找，之後還要騎馬走三天才能到路扎，另一種方式從博卡拉乘大巴車，路況好時需十幾個小時到路扎，去多爾波的路很難走，要做好吃苦的準備呦。」

我和孫晧對視了一下，又把目光轉向仁波切，我們四人會心地笑了。

閉關洞下的本教白塔 / 格西達拉攝

25 印度境內象雄人——從標竿寺廟曼日寺談起

丹增南達仁波切負責曼日寺教學。/ 赤丹諾布澤寺提供

雍仲本教標竿式寺廟——印度曼日寺，位於印度新德里西北方約三百公里的西姆拉邦索蘭縣的撒確給特山脈上，這是一個清靜、和諧、法制的僧團。

一九六五年，來自西藏本教曼日寺的丹增南達仁波切、桑吉旦真仁波切、隆度丹貝尼瑪仁波切等高僧，在天主教基金會的幫助下，購買了這塊山地。

每次來到曼日寺，大經堂頂上折射的金光、散滿陽光的法王住所，和一排排僧舍教室及院落中的白塔、學僧們激烈的辯經聲、福利院孩子們稚嫩的誦經聲，都會引發我熱血澎湃，如浸泡在大愛的海洋中，我那顆堅硬的心在慢慢變軟。

***

曼日寺的創建人是隆度丹貝尼瑪仁波切

和丹增南達仁波切。

隆度丹貝尼瑪仁波切，一九二九年出生在四川松潘縣山巴鄉山巴村，十六歲在西熱登比堅贊面前皈依、受戒，正式出家，二十四歲在山巴寺講修學院獲得格西學位。一九五九年，他從家鄉出發朝拜本教聖地，拜訪高僧大德。他在西藏雍仲林寺、曼日寺、折瓦寺、辛倉等寺廟得到高僧們傳授的耳傳密法。

他在尼泊爾木思堂桑木林寺，得到密法口訣五毒自消法門和母續、大圓滿、普巴金剛的灌頂，在法會上遇見丹增南達仁波切等人；他看到桑木林寺有很多本教古老的經書，如獲至寶，拿到印度新德里和瓦拉納西印刷，準備帶回四川山巴寺。在印刷廠附近遇到英國人類學家大衛・斯內爾爾格勞夫博士，邀請他和丹增南達仁波切前往英國首都倫敦，參加有關宗教的研究。

後三十二代曼日堪布喜繞洛珠因病去世，雍仲林寺堪布西饒旦貝堅贊、丹增南達仁波切和桑吉旦真仁波切等，在護法殿內舉行寶瓶測籤，最後護法神確認隆度丹貝尼瑪仁波切為曼日寺三十三代堪布（法王）。

法王在建設寺廟過程中，一直努力修學，他在孜珠堪布面前接受了母續覺悟三傳、《阿持》十五座的傳承；在上師桑吉旦真面前接受密宗、戒律、大圓滿、《阿持》；在丹增南達仁波切面前接受象雄耳傳。

曼日寺一九七八年成立「白帽雍仲講修院」培養格西。學院設置了完整的教學體系，以五部理論為代表的顯宗課程；四部理論為核心的密宗課程；心識部、訣竅部為主體的大圓滿課程。

學僧經過十四年的聞思修，講辯寫，善言辭，識真相，善靜坐，精通顯宗、密宗、大圓滿理論，最終達到融學者和修行者於一身的水準，再經過嚴格考試，方能獲得格西學位。

法王以制度管理寺廟，每年按慣例舉行二十五個大型固定法會。

法王遵照良美大師「佛法根基為戒律」的教導，以戒為本，在良美大師和根冬西繞佳布二人編寫

右圖：丹增南達仁波切、隆度丹貝尼瑪法王與曼日寺學僧們。/ 曼日寺提供
左圖：隆度丹貝尼瑪法王帶領僧人誦經。/ 曼日寺提供

的戒律基礎上，又增加了時代性的戒律和寺規。每個僧人都時刻保持良好的精神狀態、乾淨整齊、雷厲風行的作風。法王不僅對學僧們的學習、戒律、修行上管教嚴格，同時在每個生活細節上培養僧人平等、謙和、自立和勤儉的美德。

法王親自規劃，二〇〇〇年在山上修建了一座仁納美林尼姑庵，收住了八十二名女尼，法王給其中的四名女尼傳授三百六十條戒律。這是女尼最高的戒律：在不殺生、不偷盜、不邪淫、不妄語、不兩舌、不邪見、不憤怒、不恨心八條根本戒下，還有身一百條戒，語一百條戒，意一百條戒，行二十條戒，衣飾二十條戒，食二十條戒。尼姑庵每年的考試儀式和考試內容與僧人一樣嚴格。

法王為了學僧掌握更多的知識，二〇〇八年修建了一個三層樓的圖書館。館內有雍仲本教的《甘珠爾》《丹珠爾》；格魯派、寧瑪派、薩迦派的《甘珠爾》《丹珠爾》；釋迦牟尼佛的經文；象雄經典、西藏歷史、印度皇史，古漢語文學等大量書籍。其中還有法王在一九五九年出國時背過來的《大般若》經書和他從各地收集來的古老書籍，共上萬冊。

法王為了解決孤兒生活上沒依靠、教育上沒人管的問題，成立了福利院，收養了三百多名孤兒，培養他們獨立自主、自尊自愛，樂觀向上的精神。

法王為了方便百姓和僧人看病，成立了藏醫院，免費提供醫療。法王還成立基金會，統籌安排為數不多的資金，保障寺廟、講修院、尼姑寺、福利院、藏醫院、接待所的支出。還經常資助村中的貧困戶，給村莊修路，給山頂的吉普賽人分發食品和錢。

法王為了讓更多的人瞭解雍仲本教佛法的殊勝，從現世的煩惱和無休止的輪迴中解脫出來，他帶領得力的法子走向亞洲、歐洲、美洲，傳授雍仲本教的顯宗、密法、大圓滿法。

法王的美德和曼日寺僧人的戒律，得到當地群眾的敬重，每到新年有很多印度人、尼泊爾人和象雄人身著盛裝來到寺廟，他們高唱著古老的象雄民歌，跳起古老的象雄「宣」舞蹈，和法王一起歡度節日。

上圖：象雄「宣」舞從瓊鳥的故鄉瓊隆銀城開始，數千年被世世代代象雄後裔默默地傳承著。/ 丹巴旺傑提供

下圖：陳列尼瑪仁波切和教師格勒嘉木措，到山上接完成四十九天閉黑關的格西丹巴旺傑出關房。/ 曼日寺提供

衣著節日盛裝的象雄人載歌載舞，與法王共度新年。/丹巴旺傑提供

法王身上有山的威嚴、沈默和堅韌，有水的柔情、美麗和感動。他著有《本教歷算集》《道情歌集》《贊頌文集》《文學集》等書籍。法王還喜歡種植花草，把寺廟院落打扮得生機盎然。

法王的生活出奇的簡單。論吃，每天一碗豆漿、小半碗酸奶、幾口蔬菜、兩三片水果，晚上只喝一小碗菜湯。論住，臥室約四平方公尺，一張窄小低矮的舊木床，一張學生用的舊木桌，一把舊得快要散架的木椅。論行：法王把外國弟子供養給他的高級轎車交給管家，吩咐誰都可以用，自己則坐著買菜拉泔水的破舊工具車去密宗院開法會，去村中給百姓誦經、超渡。法王是曼日寺中最忙碌的人，不僅愛僧人，連僧人遠在家鄉的家人生病、去世，都是法王給念經、超渡。

居住在印度的象雄人。／丹巴旺傑提供

法王像為養育子女，手上長滿老繭，累彎了腰的老父親，心甘情願地把自己全部的心血傾注在孩子身上，呵護孩子身心健康成長，引導孩子永世不再受苦。

二〇一三年十月我和好友王玲及她七十八歲的老母親一起，有幸參加法王主持的顯宗、密宗共三十三位主尊佛系列的大型灌頂法會。在灌頂法會連續進行到第三十天時，法王對大家說：「我年紀大了，我要把本教的法全部傳給你們，這次灌頂可能是最後一次，你們只要認真修行，總會有一天能見到佛，灌頂是給你們一個修行的權利，要打坐尋找自己的心。俗家弟子要念經、磕頭、敬佛，多做善業，多布施，消除身上的無明和五毒，你們也要找到自己的本性，這是必須要做的……」

西元二〇一七年九月十四日印度時間傍晚六點二十五分，最受世人尊敬的精神領袖與智慧導師——隆度丹貝尼瑪仁波切，完成他一生弘法利生的使命，涅槃融入法界，仁波切的法體呈現無數各色舍利。

二〇一八年一月一日印度午時，曼日寺護法神甄選出格西達瓦大吉，為曼日寺第三十四代堪布。達瓦大吉法王一九七二年出生在四川省松潘的尕米寺旁邊的村莊。二〇一二年在曼日寺取得格西學位，曾擔任國際雍仲本教聯合會祕書長、印度曼日寺管委會主任等職務，是三十三代曼日法王的心子。

雍仲本教將在達瓦大吉法王的帶領下，繼續發揚光大雍仲本教佛法。

曼日寺的講修學院，培養出二百多位格西，這是一條流動著的生命線，他們懷揣佛典，以報佛恩、報師恩的情懷，如蒲公英一樣飛向世界各地，將象雄文化的集萃——本教佛法輸送給眾生，終極一生地弘揚本教佛法。

曼日寺畢業的格西，有的按照自己的心願回到家鄉寺廟，為那裡的信眾服務，有的按照法王的安

右上：印度西姆拉市街道圍牆上「我們是象雄人」宣傳畫。/ 二〇二一年丹巴旺傑攝
左上：隆度丹貝尼瑪法王給信眾舉行顯密灌頂。/ 二〇一三年攝
右下：曼日寺第二十四代堪布達瓦大吉仁波切 / 曼日寺提供
左下：二〇一七年九月十四日印度時間晚間六點二十五分，受世人尊敬的精神領袖與智慧導師 ——隆度丹貝尼瑪仁波切，完成他一生弘法利生的使命，涅槃融入法界。/ 曼日寺提供

陳列尼瑪仁波切給蒙古大乘和平興旺院點起象徵佛智的酥油燈。/ 丹巴旺傑提供

排，到缺少教師的寺廟去任教。二〇一六年畢業的格西祖巴獎姆岑，是蒙古人，在達瓦大吉法王和陳列尼瑪仁波切的關心及格西家族好友的幫助下，二〇一九年在家鄉修建了一座寺廟，藏名為；索有本輥帖秦喜德大吉林，漢語為：蒙古本教大乘和平興旺院。陳列尼瑪仁波切親自前來剪綵開光。

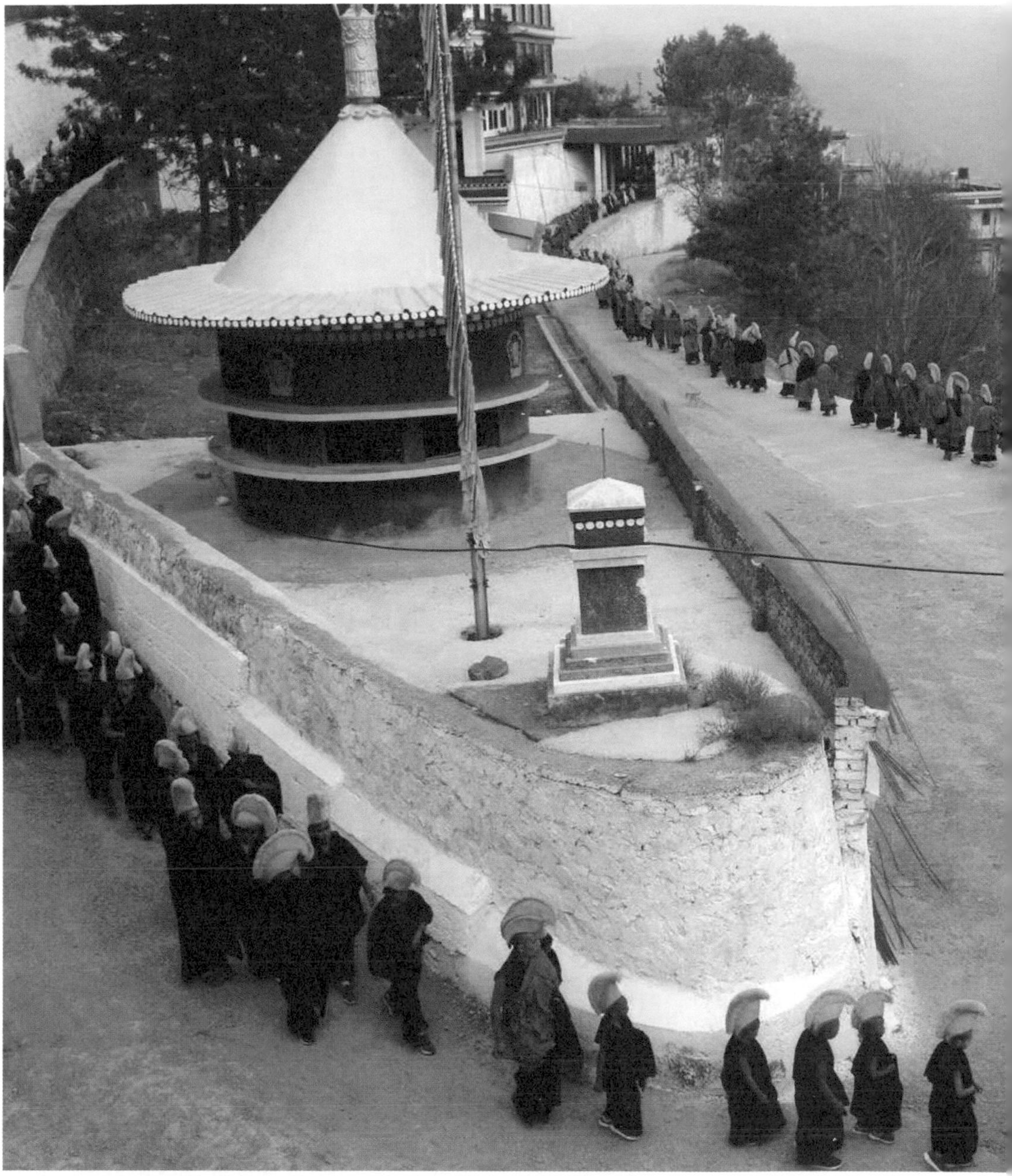
曼日寺僧人祈願新的一年風調雨順，國泰民安。/ 丹巴旺傑提供

站在高處，可看見連綿不斷的喜馬拉雅雪山。/ 二〇一八年攝

26 不丹的象雄村落——尋向喜馬拉雅雪山深處

不丹位於喜馬拉雅山東南，是一個神祕而秀美的高山國，它是世界上最不發達的國家之一，物質生活極不富裕，卻是世界上國民幸福指數最高的國家。不丹是眾佛和神明居住的桃源，藏傳佛教噶舉派是他們的國教。全國有二千多座佛寺，二千多座佛塔。遠古時，不丹北部喜馬拉雅山周邊，曾是象雄王朝的屬地。唐代它是吐蕃的一個部落，被稱為「天竺」，後吐蕃發生內亂，不丹趁機獨立，一七三〇～一七三一年清政府派西藏地方官員頗羅鼐調停不丹內亂，一七三六年清朝冊封不丹第十任笛巴米旁旺布為「額爾德尼笛巴」稱號，意為：珍寶般的學者。

一九〇七年，烏顏．旺楚克自任國王，建立不丹。如今，當地土著和緬甸人等移民融合，衍生出二十多種方言的不同支系。

***

二〇一八年十月的一天，應好友雪莉和她的上師祖古蘇南給稱仁波切的邀請，與雪莉一起去遊歷不丹。

已是初秋，但不論走到哪裡還是滿眼綠色，人們衣著整齊乾淨，臉上洋溢著溫和的笑容。首都廷布市內只有一位交警站在十字路口中間，指揮來往不多的車輛，一切是那麼井然，一切是那麼安寧。

我到不丹的第一站是看望本教的格西仙盆三珠，他現在是不丹雍仲本教古布宮的堪布，因古布宮在修復，格西仙盆三珠暫時住在他媽媽家。

雍仲本教歷史記載：耶如溫薩卡第九代成就者珠度瓦堅贊（出生於一二三九年，一二九三年圓寂）來到喜馬拉雅山南坡，把象雄耳傳大圓滿法帶入不丹象雄部落中，在旺都宗的普畢咖建立了古布宮（寺廟）。仙盆三珠的父母來自四川松潘，他出生在不丹，在印度曼日寺格西畢業後，發願要把不丹的古布宮重新修復，幫助當地本教信徒恢復本教佛法的修習。

去祖古寺廟的路上，路過海拔三千一百四十五公尺的多雄拉山口，一百零八座舍利塔層疊肅穆地聳立在山坡上，這是著名的「旺克楚耶紀念碑」，又稱「大邱拉凱旋佛塔」，當地人祈願以佛的慈悲化解天下紛爭，永保太平。

我站在舍利塔旁，飽覽近山的蒼莽和遠處綿延不斷的喜馬拉雅雪山，那密林深處，一定有象雄修行者搭建的茅棚，一定還能找到瓊追·晉美南卡多傑大師修法的山洞，那雪山上一定有占巴南喀大師的閉關洞和本教的蓮花生大師修法留下的腳印，也還會有象雄部落的遺址和伏藏大師咋旺扎巴掘藏時留下的神跡……

我面向雪山默默地呼喚善緣，心中激起波瀾，恨不得馬上進入深

路上遇到剛放學的中學生。/ 二〇一八年攝

谷，登上雪山，探個究竟。

《瓊追大師自傳》中寫道：二十三歲時（一九二〇年～一九二五年），他按照本教經典裡的記載，從西藏徒步到不丹聖地朝拜，找到本教大成就者占巴南喀、瓊布傑欽達美和庫擦達威巴的修行地，在巴卓谷地的達倉修行洞內閉關十五天。不丹吳堅旺久國王聽說兩位西藏喇嘛在達倉洞修行，十分敬佩，派傭人給他和同伴送來很多食物和禮品。

之後，瓊追又根據本教經典中記載對空行母圖其貢追修法領地的描述，歷盡千辛，終於在大山中找到空行母修法的曲木洞，在洞中禪修六十天，獲得空行母神速的加持。

當吳堅旺久國王聽說他們準備離開不丹，十分不捨，把瓊追二人請進王宮，要他們念誦本教經文。他倆用三個月時間念誦了本教《甘珠爾》，國王也實現自己的諾言，在達倉洞附近，給瓊追修建了一座小關房。

一天，他們食用了一位老婦人送來的食物後，出現頭昏、嘔吐，知道食品中有毒。雖然他正在為國王寫一部以龍樹的《寄給友人的信》為藍本的詩篇還未完成，無奈，當天夜晚，他們便悄悄地離開住所，消失在喜馬拉雅山谷之中……

我們的車子沿著蜿蜒窄小的山路顛簸而上，我腦海中閃出一個個本教行者的故事，眼睛盯著車窗外河谷中嘩嘩的流水和茂密蔥綠的山林，試圖巡視到象雄人的蛛絲馬跡。

右圖：古布宮的堪布仙盆三珠／二〇一八年攝
左圖：不丹山腳下的雍仲本教古布宮（寺廟）／格西仙盆三珠提供

雪莉的上師蘇南給稱仁波切是多傑林巴心子布薩祖古的第十一代轉世。

多傑林巴（一三四六～一四〇五）是著名的寧瑪派伏藏大師，也是雍仲本教大圓滿伏藏發掘者，被稱作東方伏藏王，雍仲本教稱他：雍仲林巴。他在不丹本塘及周邊挖掘了大圓滿《五大寶藏》等一百零八個伏藏，其中有雍仲本教的大圓滿手稿《金滴》。他是利美運動（無宗派主義運動）之前的無宗派主義先驅者，是寧瑪派和雍仲本教共同尊敬的上師，一生孤身禪修。

祖古蘇南給稱，出生在不丹，兒時的種種善妙徵兆，被上師認出他是布薩祖古轉世，他拜崗頂仁波切為上師，在崗頂梭洛雪卓學院完成格西學位。他是旺都區布薩村的旺度寺主持，同時管理著尼姑庵、閉關中心、佛學院和七、八個村莊的賽康，給信眾講佛法、灌頂、指導禪修，是一位受眾人敬重的上師。

祖古非常友善，尊重各個教派，擁有各個教派的好友。在台灣我第一次與他見面時，送他一本《雍仲本教法相寶典》，他敬重地雙手接過此書，輕輕翻開仔細看後，鄭重地把書放在他頭上頂禮。幾天後，

上圖：仙盆三珠在隆度丹貝尼瑪法王創建的曼日寺獲得格西學位。/ 仙盆三珠提供

下圖：仙盆三珠拜見導師丹增南達仁波切。/ 仙盆三珠提供

我去他的精舍，看見這本《雍仲本教法相寶典》供奉在他的佛龕上。

在不丹期間，我經常跟著雪莉參加祖古在各個村寨舉辦的誦經、灌頂活動。有一次，我又跟著祖古去旺都區的一個村莊，綠色的田野鋪滿紅色黃色的野花，一幢幢木質農舍寧靜地坐落在天地間，一切是那樣祥和。

祖古指著遠處的一座小山丘說：「山那邊有一個村莊，是本教的。」我聽了眼睛一亮：「還有寺廟嗎？」「原來管理寺廟的本教老人去世了，現在是我在代管。」啊！原本驚喜的我，心裡一下子沈甸甸的，望著遠處的山丘，心中充滿遺憾和惦念。

我們的車子繼續往前開，土路兩側盡是綠油油的田地和一片片樹林，看來這個村寨很富有。「這是

鹿古吉村的賽康，村民原信奉雍仲本教，現村民請寧瑪派的祖古蘇南給稱仁波切代管。/ 二〇一八年攝

旺都區鹿古吉村，原來也是本教的，管事的老人去世了，沒人接管，村民就讓我代管，每年給他們誦經、灌頂，舉辦一些法會。今天給這個村莊念誦長壽經，灌長壽頂。」聽著祖古的敘述，我走下車，仔細端詳這個神祕的本教村落。

村莊包裹在一片古榆樹林中，一棵棵高大粗硬的枝幹，告訴人們樹齡已有七、八百歲以上，清風吹過這片寂靜的樹林，發出沙沙聲，好似在低吟滄桑歲月中深邃雄奇的長詩。

我在一棵古樹前停住腳步，仔細端詳它的相貌，濃綠厚實的樹葉層層被蠶絲般的樹掛及蜘蛛網編織在一起，形成一張如鐵壁銅牆般的防護網，黑褐色的樹皮有很多縱裂皺摺，皺摺裡和疤痕下雕刻著

上圖：本教伏藏大師咋旺扎巴／范久輝攝
下圖：村中女信徒跳著穩健的孔雀舞迎接蘇南給稱仁波切。／二〇一八年攝

村莊每隔三年舉行一次的本教神舞法會。/ 祖古蘇南給稱仁波切提供

蘇南給稱仁波切給村民灌頂祝福。/ 二〇一八年攝

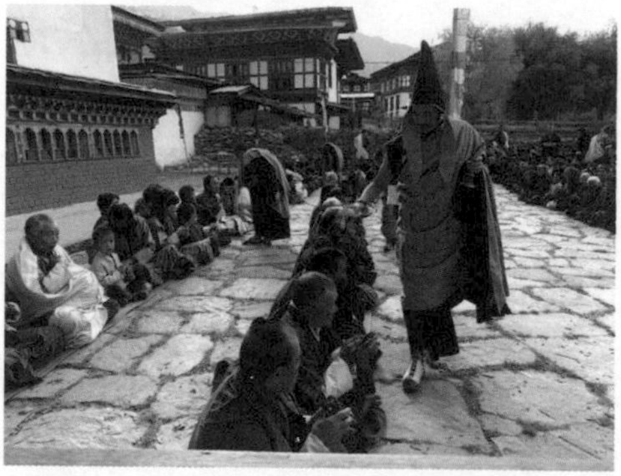

幽深的信息，整個樹林深藏著一股千年守侯的強大願力，外人根本無法闖入，這裡面一定藏匿著非同一般的故事。

走進賽康，村民們手捧白色哈達，整齊地分成左右兩排，迎接祖古的到來。十幾位女村民，站在經堂門口，邁著輕盈穩健的步伐，跳起孔雀舞。她們的舞步和古象雄的「宣」舞一模一樣，尤其看到那翠藍色上衣，讓我想起本教的斯巴嘉母護法神，不丹人崇尚孔雀藍色，這和象雄人的風俗一樣。

祖古坐在法座上，帶領僧人給村民念長壽經文，給村民做長壽灌頂，那天的法會開了兩個多小時。會後，祖古告訴我，這個村莊每隔三年組織一次大型舞蹈，舞蹈的內容是讚頌他們英勇善戰的祖先，是本教的舞蹈。

祖古知道我的心願，特別安排司機帶我去一些本教的村莊走走。看著那些友善的村民，他們眼神中都隱藏著一個不曾熄滅的火種，獨自守候沈默，相信有一天，自己祖先的雍仲本教，會重新回到他們的生活中，因為他們是象雄人的後裔。

一天，祖古問我是否認識寧瑪派多傑林巴傳承的活佛？他有幾個法本，因沒得到口傳，無法修持（藏傳佛教有嚴格規定，必須接受上師的口傳、灌頂後，才能有資格修煉此法，否則就是盜法，是一種很深重的罪）。我告訴他：「本教的大圓滿導師丹增南達仁波切，得到並精通各個教派的傳承，仁波切一定能幫助你，去尼泊爾

找他吧。」

***

二〇一九年，祖古專程去了尼泊爾赤丹諾布澤寺，丹增南達仁波切熱情地接待了他，他們談了很久，果然祖古所需的法，仁波切都有，並答應他新年過後，讓祖古在寺廟裡住一段時間，傳他所需要的完整純正的法。

無奈，二〇一九年末，全球爆發冠狀病毒，各國海關都在關閉，我們期盼病毒早日平息，祖古求法的心願能圓滿實現。

前面的村莊和大山後面的村莊原本信奉雍仲本教。/ 二〇一八年攝

27 大洋彼岸的象雄之子

丹增旺傑仁波切 / 曼日寺提供

一九八六年在印度曼日寺獲得格西學位的丹增旺傑，在上師丹增南達仁波切的指導倡議下，在美國維吉尼亞州創辦了「國際李彌嘉本教禪修學院」，開辦了經乘、密續、大圓滿課程。之後，他又建立多個教學中心，指導弟子回歸本初的清淨心。他以《象雄年居》、密宗，大圓滿最核心的內容，編寫了《自然之心的奇跡》《西藏的睡夢瑜伽》《大界無央》《生死引導：本教母續中陰教授》《西藏的聲音療法》《形質．能量與光之療法》《明心禪》《淨心禪》《妙音禪》等著作，為學佛修行人提供一條小徑，成為古象雄佛法的精神傳承師。

丹增旺傑的雙親來自西藏阿里，他出生在印度西北方，十四歲在印度曼日寺出家，在格西雍仲朗傑門下學習因明學與哲學，後在桑吉旦真仁波切和丹增南達仁波切身邊接受《象雄年居》教法熏習，兩位上師以直接而清晰的教學方式把教法詮釋給他，他很快掌握了教法，並系統完成大小五明學科，取得格西學位。

他懷揣弘揚本教佛法的使命，在義大利南卡諾布仁波切的美日噶（火山營）和歐洲各地全力傳播本教佛法。

丹增旺傑仁波切開辦的睡夢瑜伽特別受學員們的喜愛。

我們的心就像相續的河流，由許多念頭組成，深睡時，五官意識融入到阿賴耶識中，醒來時它們再次啟動；如夢中因憤怒打人，因慾望去偷盜，末那識如同搬運工，將這些惡業儲藏進阿賴耶識裡。阿賴耶是一種識，它受業和緣的影響，就像倉庫，儲存著未來即將發芽的種子。

人死亡時和夢境一樣，進入中陰，中陰狀態和夢境很相似，能看、能聽、有感覺。對喜歡的產生慾望、對不喜歡的產生憤怒，八識和五十一個心所生起，再次投胎。

修煉夢瑜伽，可以在睡夢中清晰地認知這是夢境，不會跟隨夢中五毒引發煩惱，對治夢，轉化夢，讓心安住在空明中。久而久之修煉禪定，在死亡時能認證淨光，不進入輪迴，許多大圓滿修行者和密宗瑜伽士，都把睡夢瑜伽作為他們主修課之一，不僅為解脫生死做好準備，也是他們開悟的重要時刻。

丹增南達仁波切（左）與丹增旺傑（右）/ 阿咪羅羅提供

法王隆度丹貝尼瑪仁波切（右）與丹增旺傑（左）/ 曼日寺提供

我有反覆拜讀過丹增旺傑仁波切著的《西藏的睡夢瑜伽》《明心禪》《淨心禪》《妙音禪》等著作，書中詳細講解了夢瑜伽和自然光的修持方法，幫助讀者增進高度覺知及心性明光的呈現，在夢境中完成各種修持，對瞭解心性幫助很大。

丹增南達仁波切已九十七歲高齡，一生光陰都在實證實修和教學，不眠不休地服務眾生，以深廣的證量和智慧，指引弟子找到如實修持教法的道路，他的終極目標是讓更多的人通過修行達到免除輪迴之苦。

丹增旺傑仁波切在波蘭禪修中心，舉辦的睡夢瑜伽學習班。/ 阿咪羅羅提供

仁波切心情豁然開朗，學識淵博、擁有向全世界滲透真理的能力，是一名傳授正法、栽培弟子的大圓滿導師，是修持大圓滿見、修、行最完美的典範，是實踐雍仲本教佛法修行者的靈感源泉。

仁波切是一位偉大的思想家、歷史學家、文學家和語言學家，他整理的西藏歷史脈絡清晰，客觀地向世人展現象雄文化的美麗。他無比平靜，樂觀慈愛，生活少慾、謙虛誠懇，不求名利，使每個有緣見到他的人，快速俱增虔誠和悲憫心，所有追隨他的人，到最後發現自己離不開他。

此生有幸接受丹增南達仁波切的教誨，親身感受仁波切全身隨時散發出來的完美無瑕的戒行、無盡的慈悲、深奧的智慧、幽默和莊嚴，這種感動讓我受用一生，使我從此不再迷惘，所有的傳承上師都是我心中永遠的明燈，願在細碎的光陰裡積累和沈澱，更好的豐盈自己，還原生命本身的光彩，安然前行。

對想踏上證悟之旅的人，仁波切就是修道盡頭，是最具啟發的鮮活典範，是真正指引我們解脫之道的人，與諸佛毫無差別。

喇嘛欽諾，

喇嘛欽諾，

真情扎維喇嘛欽諾！

丹增南達仁波切一生都在學習、修行、奉獻。/ 丹巴旺傑提供

拜見導師丹增南達仁波切。/ 二〇一九年丹巴旺傑攝

參考書目

一．才讓太（一九九五．一），《七赤天王時期的吐蕃苯教》，北京《中國藏學》

二．才讓太（一九八八．三），《〈智美更登〉初探》，拉薩

三．才讓太（一九八八．三），《西藏研究》，拉薩

四．才讓太（二〇〇五．一），《再探古老的象雄文明》，中國藏學

五．才讓太（一九八五．二），《古老的象雄文明》，《西藏研究》拉薩

六．才讓太（一九九六．一），《岡底斯神山崇拜及其周邊的古代文化》，北京《中國藏學》

七．才讓太藏譯漢（一九八八．二）南喀諾布，《論藏族古代史研究中的幾個問題》，北京《中國藏學》

八．生根活佛．仁孜尼瑪（二〇〇九），《喜馬拉雅的智慧》叢書，北京圖書出版社

九．德康．索朗曲傑（二〇一六—二〇一七），《苯教高僧瓊追．晉美南卡多傑及其在印度的活動》

十．格西丹增朱扎（一九九九），《雍仲本教常識》，民族出版社

十一．頓朱拉傑，《西藏本教簡史》，西藏人民出版社

十二．張怡蓀（一九九三），《藏漢大詞典》，民族出版社

十三．丹增旺傑，《西藏的睡夢瑜伽》，中國藏學出版社

十四．西藏本教網

十五．人民網：〈中國西藏網象雄耳傳教授〉

十六．雍仲嘉瓦，《有關象雄年居》

十七．瓊氏活佛雍仲德炯，《偉大的曼日大經師丹增南達仁波切》

十八．《本教史 嘉言庫》

十九．《象雄耳傳上師故事》（藏語）

二十．澤絨洛吾（二〇一七），《認識本教》，青海人民出版社

二十一．夏扎巴大師，《德諾卓》（藏語）

二十二．措成平措，《從本教經典中，我們可以找到諸多瓊隆銀城在卡爾東的證據》

二十三．《自然之心的奇跡——西藏本教大圓滿的精髓》

二十四．霍巍，《論古代象雄與象雄文明》

二十五．同美，《論遠古象雄十八王國及其覆滅》

二十六．同美，《象雄王朝在青藏高原西北部的終結與在東南部的延續》

二十七．黃布凡，《象雄歷史地理考兼述象雄文明對吐蕃文化的影響》

二十八．白灣．華爾登（二〇〇九），《嘉絨藏族歷史明鏡》，四川民族出版社

致謝

《古象雄文明的往事今生》一書在諸多摯友的幫助下，順利出版啦！

首先由衷感謝幫我翻譯的李麗梅女士、王玲女士、格西丹巴雍仲旺傑，沒有他們的辛勤付出，我不會得到尊者的教導和有關古象雄時期的珍貴資料。

感謝丹增南達仁波切給予有關自然智慧的諸多教導和傳授，感謝赤丹諾布澤寺丹巴雍仲堪布、禪修院長慈城丹增、辯經院長般若倉巴丹增和陳列尼瑪仁波切，在繁忙工作中抽出寶貴時間給我講述象雄歷史、象雄上師傳承故事、大圓滿靜坐的要領，及講述丹增南達仁波切的事跡。

感謝姜母岑秋利活佛帶我探訪尼泊爾本教遺址，感謝藏學家雄·嘎瑪堅贊老師指點我需要參訪的西藏本教寺廟及象雄遺址，感謝古如江寺僧人祖貝給我介紹卡爾東遺址的歷史，感謝阿里文化局的兩位老師帶我探訪古象雄邊陲要塞遺址，感謝薛瑞女士、祖古蘇南給稱仁波切帶我走進不丹象雄村莊，感謝范久輝老師、格西丹巴雍仲旺傑、僧人阿咪羅羅、僧人格勒和格西神眼給我提供精美的圖片和校正重要文字，感謝佟欣昇先生提供拍攝的精美圖片，感謝夢錦喧女士、葉國偉先生幫助精修老照片，感謝好友丹增卓瑪請中國戲曲學院的女博士對文字進行三次校對，感謝林光耀先生幫助翻譯英文。

特別感謝木果文創有限公司的慧美主編及她的團隊對此書進行精緻卓越的設計、排版、包裝，給此書注入強大的生命力量。

感謝金蜀卿女士幫助聯繫木果文創有限公司的慧美主編，促成合作圓滿。

感謝李西新甲旦真活佛和丹巴雍仲旺傑為此書寫序。

感謝康海寬先生、尤利鑫女士、李昉女士、金蜀卿女士、林秀玟夫婦、張雲鵬先生、開熙先生的鼎力相助，使此書順利出版。

感謝上師、本尊、空行、護法多年來給我的指點和護佑，感謝家人對我的理解和支持，感謝一切為此書默默付出的同人，沒有他們無私的奉獻，《古象雄文明的往事今生》難以問世。

因筆者愚鈍無明，知識水平淺薄，寫作水平有限，不能把美麗的象雄文明深層的內涵表達出來，不能將尊者的慈悲、大愛、智慧的內心世界完美地描述出來，深表遺憾，本人在上師、本尊、空行面前做深深的懺悔。如有功德，全部回向給上師、本尊、空行、護法、一切助緣和世間有情。

筆者

二〇二二年六月 於北京

國家圖書館出版品預行編目（CIP）資料

古象雄文明的往事今生：雪域高原尋訪象雄耳傳上師，地圖上消失的古王朝聖地、西藏文化的根與魄／寧艷娟著. -- 初版. -- 苗栗縣竹南鎮：木果文創有限公司，2023.01
256 面；17*23 公分. -（Move_ 紀行；1）
ISBN 978-626-96731-0-0（平裝）

1.CST：民間信仰 2.CST：遊記 3.CST：西藏自治區

271.9　　111018868

Move 紀行 01

古象雄文明的往事今生

雪域高原尋訪象雄耳傳上師，
地圖上消失的古王朝聖地、
西藏文化的根與魄

作　者：寧艷娟
主　編：林慧美
校　稿：尹文綺
視覺設計：好春設計・陳佩琦
發行人兼總編輯：林慧美
法律顧問：葉宏基律師事務所
出　　版：木果文創有限公司
地　　址：苗栗縣竹南鎮福德路 124-1 號 1 樓
電話／傳真：（037）476-621
客服信箱：movego.service@gmail.com
官　網：www.move-go-tw.com

總經銷：聯合發行股份有限公司
電　　話：（02）2917-8022
傳真：（02）2915-7212
製版印刷：禾耕彩色印刷事業股份有限公司
初　　版：2023 年 1 月
定　　價：480 元
ISBN：978-626-96731-0-0
Printed in Taiwan